PEQUENO ESTUDO DE ÉTICA

DIETMAR MIETH

PEQUENO ESTUDO DE ÉTICA

DIRETORES EDITORIAIS:
Carlos da Silva
Marcelo C. Araújo

EDITORIAIS:
Avelino Grassi
Márcio F. dos Anjos
Roberto Girola

TRADUÇÃO:
Nélio Schneider

COORDENAÇÃO EDITORIAL:
Denílson Luís dos Santos Moreira

REVISÃO:
Ana Lúcia de Castro Leite
Leila Cristina Dinis Fernandes

DIAGRAMAÇÃO:
Juliano de Sousa Cervelin

CAPA:
Angela Mendes

Título original: *Kleine Ethikschule*
Copyright Dietmar Mieth, Kleine Ethikschule
© Verlag Herder Freiburg im Breisgau 2004

ISBN 3-451-05471-X

Todos os direitos em língua portuguesa, para o Brasil,
reservados à Editora Idéias & Letras, 2007.

 Editora Idéias & Letras
Rua Pe. Claro Monteiro, 342 – Centro
12570-000 Aparecida-SP
Tel. (12) 3104-2000 – Fax (12) 3104-2036
Televendas: 0800 16 00 04
vendas@ideiaseletras.com.br
http//www.ideiaseletras.com.br

Dados Internacionais de Catalogação na Publicação (CIP)
(Câmara Brasileira do Livro, SP, Brasil)

Mieth, Dietmar
    Pequeno estudo de ética / Dietmar Mieth; [tradução Nélio Schneider]. – Aparecida, SP: Idéias & Letras, 2007.

    Título original: Kleine Ehikschule.
    ISBN 978-85-98239-89-7

    1. Comportamento humano 2. Conduta de vida 3. Educação moral 4. Ética 5. Ética política 6. Normas sociais 7. Valores (Ética) I. Título.

07-7145   CDD-170

Índices para catálogo sistemático:

1. Ética: Filosofia moral 170

SUMÁRIO

Prefácio – 7
I. **Experiência com a moral, reflexão sobre a ética** – 11
 1. As boas pessoas não precisam de moral,
    as más não se importam com ela – 11
 2. O mau é bom? – 15
 3. Moral ou ética? – 25
 4. Cada pessoa pode fazer a sua própria moral? – 32
 5. Como se formam nossas noções e convicções? – 37
 6. Experiências morais – 44

II. **Processos "imorais" de aprendizagem** – 53
 1. Assim como você age comigo – eu ajo com você;
    a sedução da retribuição – 53
 2. Isso é tudo culpa sua – a transferência das minhas
    próprias agressões para os demais – 64
 3. Malevolência ou inveja?– 72
 4. Por que mentir é tão bom e ainda assim
    tão condenável – 81
 5. Os interesses determinam a moral – 95

III. **Princípios adequados, argumentação correta,
 decisões sábias** – 101
 1. Assumir e formar responsabilidade – 101
 2. As perspectivas da dignidade humana
    e da imagem humana – 113
 3. O quanto realmente sou livre? – 121

4. Motivações e comprovações – 128
5. Argumentar em termos morais – 133
6. O que é propriamente correto? – Casuística, ética situacional, decisão moral – 140
7. Fantasia – saída para dilemas morais – 144

IV. Modelos do bem-viver – 151
1. Virtudes: disposições comprometidas com o bem-viver – 152
2. Modelos éticos em histórias – 159
3. Enfim amar/amar finitamente – a arte do relacionamento – 166
4. O amor precisa de fidelidade? – 177
5. Como me torno feliz? – 182

V. Normas e valores – 189
1. O que são propriamente normas? – 189
2. A proibição de matar – 197

VI. Política e moral – 207
1. Política e moral – contradição? – 207
2. *Political correctness* – 212
3. O agir solidário – 216
4. Lidar com a culpa não resolvida – 221
5. O empenho por critérios de valor universais em vista dos desafios globais – 232

VII. O ser humano imperfeito – 245
1. Entender a consciência – um diálogo – 248
2. Lidar adequadamente com a culpa pessoal – 255
3. Em defesa de uma moral imperfeita – 261

VIII. O que significa a religião para a ética? – 271

IX. Os Dez Mandamentos
 – Fórmulas de memorização da moral – 281

PREFÁCIO

Este *Pequeno estudo de ética* pretende promover a reflexão sobre a moral. Por isso, ele falará com mais freqüência de "moral" do que de "ética", e isto em sentido duplo: por um lado, no sentido da linguagem cotidiana, que se refere ao comportamento com que as pessoas se sentem comprometidas; por outro lado, no sentido das avaliações e dos juízos relacionados com o agir bom e mau, correto e falso do ser humano.

Toda pessoa possui moral, por mais precária que ela possa ser e como quer que ela seja julgada. Mas é muito raro que se chegue a ponto de refletir sobre ela no cotidiano e mesmo em situações de responsabilidade. Muitas vezes não se consegue visualizar o conjunto de todos os aspectos implicados nela. Este livro, no entanto, não trata de âmbitos individuais do agir moral, mas da esfera mais ampla de questões referentes à ética.

Este *Pequeno estudo de ética* não deve ser confundido com uma introdução à ética científica. Quem quiser orientar-se sobre esta encontrará auxílio em profusão.[1]

Este *Pequeno estudo de ética* não é uma instrução didática sobre algum sistema de fundamentação no âmbito da ética, do tipo que procura convencer proporcionando uma orientação progressiva, não circular e compreensível para todos, que leva das suposições mais simples até aos princípios abrangentes e, em seguida, aos procedimentos mais complexos do juízo.

Este *Pequeno estudo de ética* tampouco pretende ser um livro didático ou um livro subdividido em lições para professores e professoras. A palavra "estudo" assume aqui, antes, o tom mais genérico, associado com o termo "formação": por um lado, a formação de uma postura pessoal; por outro, a inclusão de experiências e conhecimentos pertinentes na abordagem do tema. É nesse sentido que o livro proporcionará auxílio, talvez até no contexto da escola.[2]

Essa formação resulta não só da capacidade especializada em classificar as perspectivas diversificadas que

---

[1] P. ex.: M. DÜWELL, C. HÜBENTHAL, M. H. WERNER (Eds.). *"Handbuch Ethik"*. Stuttgart, 2002; ademais: O. HÖFFE (Ed.). *Lexikon der Ethik*. 6 ed. reformulada. München, 2002; ID. (Ed.). *Lesebuch zur Ethik*. 3 ed. München, 2002; J. P. WILS, D. MIETH (Eds.). *Grundbegriffe der christlichen Ethik*. Paderborn, 1991. A melhor introdução, em inglês, é a de S. BLACKBURN. *Ethics. A very short introduction*. Oxford, 2001.

[2] Não é a primeira vez que me ocupo com esse tema. Cf. G. STACHEL, D. MIETH. *Ethisch handeln lernen*. Zürich, 1978; D. MIETH. *Mit dem Unkraut wächst der Weizen. Sanfte Moralpredigten*. Luzern, 1991.

PREFÁCIO

no momento rumam para uma "ética", mas também da riqueza de perspectivas no nível pessoal, que provém de uma experiência de muitos anos na abordagem teórica e prática da ética. As capacidades especializadas e as experiências feitas na ponte entre a ciência e a práxis social podem cooperar no modo da experiência adquirida. É nisso que consiste a competência que aqui é desdobrada.

O livro também é concebido como um atrativo. Por isso, ele procura constantemente pontos de contato no mundo da experiência cotidiana, para, a partir deles, trazer à luz novas noções e a reflexão sobre elas. Os dois primeiros capítulos são uma tentativa de acolher, no contexto atual, questionamentos provocadores sobre a moral e explicitar os processos de aprendizagem que resultam da provocação feita pela noção de que, em diversos sentidos, a "imoralidade" parece estar mais bem estabelecida. Quando se aborda essas experiências com simpatia irônica em vez do juízo rigoroso, elas se tornam muito proveitosas.

Os capítulos seguintes tratam das perspectivas "clássicas" para qualquer ética: a pergunta de como proceder quando se age movido por princípios e quando se quer obter juízos e decisões (III), os modelos da vida boa e exitosa (IV), as normas e os valores (V), a relação entre política e moral (VI), a permanente imperfeição do ser humano (VII), a relevância da religião para a moral (VIII) e, por fim, os dez mandamentos (IX), cujo papel como fórmulas de memorização da moral reiteradamente é reavivado, talvez porque eles permitam sua constante reinterpretação.

Esses temas são tratados com o auxílio de exemplos e de recursos diversificados de exposição, com diálogos, histórias e interpretações. Perguntas "embaraçosas", do tipo que é feito durante palestras como intervenção do público, ocorrem constantemente durante a exposição. Elas atrapalham as ponderações sistemáticas tecidas pelos especialistas e fazem com que estes sejam remetidos a questões esquecidas. Nestes termos, sempre se permanece bem próximo do diálogo com o público; as seções expositivas individuais muitas vezes surgiram a partir dele.

Julgo importante – e assim espero – que a leitura de muitas passagens deste livro possa ser divertida. Porque a moral de fato é um assunto muito sério, mas sem humor não se suporta as fraquezas que ela desvenda. Forte é a tentação de apresentar o susto moral que o nosso mundo globalizado às vezes difunde como sacrifício necessário em favor de um admirável mundo novo do futuro. A isso só se pode contrapor a ironia que conta com a nossa finitude.

A reflexão que remete às perguntas fundamentais mais simples e adiciona humor e ironia encontra-se no caminho para a sabedoria. Nisso podemos "tomar aulas" e nos formar sem cessar. De modo que este livro não pretende concluir esses processos com doutrinas que se pode embrulhar e levar para casa; o que ele pretende é iniciá-los ou dar prosseguimento a eles.

Agradeço à Sra. Andrea Hogue a produção técnica do manuscrito, à minha esposa, Irene Mieth, seu auxílio através de muitos diálogos e da correção, bem como à revisora Dra. Karin Walter seu trabalho na redação final.

I

EXPERIÊNCIA COM A MORAL, REFLEXÃO SOBRE A ÉTICA

1. As boas pessoas não precisam de moral, as más não se importam com ela

Em público e na política, ocasionalmente se fala das assim chamadas "boas pessoas". Com essa expressão, têm-se em mente, num sentido polêmico, pessoas que se engajam pelo bem, sem levar em conta os obstáculos que deverão ser removidos, em que dificuldades poderão meter-se ou que tipo de concorrência haverá com outros objetivos bons. Essas pessoas não olham nem para a esquerda nem para a direita, elas rumam inescrupulosamente na direção do bem que está no seu campo de visão. Ocorre-nos a imagem das "viseiras", pois estas fazem com que o cavalo que as porta possa olhar apenas para frente.

É evidente que esse tipo de polêmica é usado com predileção para desacreditar o engajamento em favor daquilo que se reconheceu como bom e correto. É preciso, portanto, usar de precaução ao lidar com tais etiquetas. Por outro lado, por trás dessa polêmica também está a noção de que o melhor muitas vezes pode ser inimigo do bom e que no agir responsável é preciso usar de bom senso e ponderação.

À nossa imaginação de fato assomam pessoas que se nos apresentam como absolutamente más, mas é difícil não encontrar em pessoas más também um comportamento que se possa encarar como "bom" – mesmo que se trate do comportamento em relação ao cachorro ou do amor do terrorista por seus filhos. Em certo sentido, porém, também o lado bom é contaminado pelo tom de fundo, que é mau. Inversamente, não negaremos nosso reconhecimento a uma pessoa, quando, em virtude de sua determinação de não se deixar desviar do bem, suas intenções e ações nos incomodam porque elas, mesmo que visem a uma coisa boa, não atingem o seu objetivo.

Friedrich Schiller certa vez refletiu sobre a questão: "Quem faz o bem com perfeição". Ele a concretiza nesta outra questão: "Quem é o samaritano perfeito", pressupondo que essa história seja bem conhecida. É aquele que ajuda os necessitados sem pensar muito nem fazer perguntas: aquele que age espontaneamente movido pelo impulso genuíno do seu coração. Quando somos de fato bons, somos bons sem pensar muito nisso. Quando amamos uma pessoa e todo o nosso anseio se dirige para ela, é muito fácil ser bom para com ela. Assim que o anseio acaba, cessa a bondade. Não obstante: brigamos também com pessoas que amamos e lhes dizemos cobras e lagartos. Pois o que queremos nós não fazemos, e o que fazemos não é o que de fato queremos. Pelo visto, necessitamos mais distância em relação a nós mesmos e mais espaço e tempo para sermos bons.

A ética necessita tempo e espaço, porque ela tem algo a ver com ponderação. No fundo, ela pressupõe a dúvida a respeito do que é bom e correto ou, dito de outro modo, se nós mesmos somos bons e corretos. Quem luta pelo bom e correto freqüentemente vive em diálogos intermináveis. Os modernos meios de comunicação facilitaram muito essa comunicação moral. Nós admitimos inseguranças onde gerações passadas talvez tivessem esperado firmeza e onde elas se sentiam apoiadas e fortalecidas por normas e sanções sociais. No caso delas, entretanto, havia o perigo de que essa firmeza fosse pura aparência, porque se encobria o deslize. Tratava-se da assim chamada moral dupla. Ainda hoje podemos ter uma noção dela, quando pessoas de destaque querem aparecer em público de forma diferente do que de fato são ou quando nós mesmos procuramos preservar a nossa "imagem" diante do círculo de amigos e conhecidos.

No cotidiano, todavia, vivemos freqüentemente numa dimensão diferente: num primeiro momento, deixamos a dúvida de lado. O que fazemos parece-nos óbvio ou compreensível por si mesmo. Temos uma noção quase que sonambúlica do que devemos fazer, até que chega o momento em que alguma insegurança nos acomete ou até que alguém nos pergunta por que consideramos isto e aquilo bom e correto. A qualquer momento também podemos ser nós que perguntamos. E essas perguntas se multiplicam na mesma proporção em que aumentam as possibilidades que parece haver para escolher o que é bom e fazer o que é correto. Nós vivemos na concorrência pluralista das possibilidades. A moral também obedece a mecanismos de mercado. A oferta determina a procura da mesma forma que a procura provoca a oferta.

Ser capaz de fazer as perguntas certas muitas vezes representa a busca pela porta de entrada certa para a reflexão ética. Em função disso, podemos retomar, uma vez mais, a história do bom samaritano, de Schiller. Pois não creio que Schiller tenha captado totalmente o ponto culminante dessa história que Jesus narrou como parábola e que hoje ainda empresta seu nome a instituições de caridade. Pois não se trata apenas de quem deve ajudar, de que não se deve fazer nenhuma distinção entre os necessitados ou de que nosso auxílio deve ser efetivo – tudo isto também está contido na história –, mas se trata primordialmente de trocar a pergunta "quem é o meu próximo?" pela pergunta "de quem eu sou o próximo?". Porque a pergunta do escriba é respondida por Jesus com outra pergunta: "Quem foi o próximo daquele que caiu na mão dos salteadores?" (Lc 10,36). Como mestre sutil de sabedoria moral, Jesus narrou a história de tal maneira que a pergunta obrigatoriamente fosse desviada do objeto para o sujeito da ação: de quem é que *eu* sou o próximo? Quem é o *meu* próximo de maneira especial? Esta é justamente a pergunta à qual o mau não dá a mínima. Porque ou ele sabe quem faz parte da sua máfia e separa as pessoas em membros da "família" e nas demais, que ele não precisa respeitar e em relação às quais ele não tem obrigações: estas são apenas instrumentos para a consecução do seu próprio egoísmo ou do egoísmo de uma família (ou até de uma nação!). Ou ele só é bom para levar vantagem pessoal e trata os demais conforme sua disposição momentânea, movido por uma benevolência fortuita e para promover ainda melhor o seu ego, mas de modo algum por dever ou por justiça. O egoísmo também é vendido como programa para fazer o bem, sobretudo quando alguém quer vender no mercado e passar para o cliente a ilusão de que não se trataria de uma troca de vantagens, e sim da quadratura do círculo: gastar e concomitantemente poupar. No mercado, como logo veremos, pode-se perguntar sarcasticamente: mau é bom?

2. O mau é bom?

"O mau é bom?" A revista *Trend* (4/2003) ainda colocou um ponto de interrogação nesse título. Alexis Johann escreve ali o seguinte: "É verdade que mentir, enganar, blefar, furtar são atos condenáveis, mas podem levar você adiante". Novos livros sobre *management* efetivo recomendam abertamente "o concurso dos cotovelos em tempos em que se teme pelo emprego". Os títulos desses livros falam por si: "Negócios na base da guilhotina", "O efeito canalhice", "Pendurem-me mais alto!", "Roubar idéias deixa esperto", "Cartilha do contrata-despede". Não se trata de um fenômeno restrito ao interior das empresas. Se fosse, não se tentaria atrair clientes, inclusive com o dito "O mal é o bem". Alguns exemplos conhecidos são: "pão-durismo dá tesão" (da marca *Saturn*) ou a propaganda conscientemente escandalosa da marca *Benetton*, em que a postura moralmente correta é descomposta pelo expediente de utilizar discriminações e ofensas para "provocar tesão" pelo estímulo sensacionalista. A moral não serviria mais para nada além de servir de meio para aumentar a estimulação?

Sabe-se, como diz um *manager*, que "economia não é para os frouxos", mas ter qualidades de empreendedor é algo um tanto diferente do que ter aptidão para distribuir tapas ofensivamente, passar a perna no outro, tirar do caminho – capacidade denominada *mobbing* – e de pisar sobre os outros para poder ficar por cima. "Duro consigo mesmo, brutal com os demais" é uma frase que, tendo sido formulada como caricatura, facilmente pode tornar-se expressão do cotidiano, e não só na política e na economia, em que se presume a fonte dessa efetividade a qualquer preço, mas cada vez mais também no cotidiano e nos serviços públicos, desde as escolas até ao cenário cultural.

Mas isso não é nenhuma novidade. Bertolt Brecht mostrou vivamente em *O bom homem de Sezuan* a divisão no interior da pessoa que quer ser boa e é obrigada a ser má. Friedrich Dürrenmatt apontou para o equilíbrio que o homem de negócios tem de manter: um lar aquecido com estilo apurado para tornar a frieza profissional tanto mais efetiva. E a sentença "os fins justificam os meios" tornou-se a nossa segunda natureza. Nas páginas de abertura dos jornais, fala-se, então, da "ética da responsabilidade". A maioria dos que contrapõem essa famosa fórmula de Max Weber à assim chamada "ética da convicção" entende mal o mestre da análise da sociedade. Porque ele não pensava que era necessário ser um patife para conseguir fazer vigorar o que é certo. Ele tampouco pensava que não se devia ter princípios com que se pudesse avaliar as conseqüências de suas ações. Ele se voltou unicamente contra aqueles que queriam emborcar de maneira brutal um mundo ideal sobre o mundo real. De fato, a dominação dos ideais abstratos muitas vezes foi encenada com sangue.

O mau é bom? A maioria das pessoas dirá: naturalmente nem sempre, mas excepcionalmente, ocasionalmente, sob certas circunstâncias. Também os *managers* da revista *Trend* continuam sustentando que a "honradez é o que mais" dura e que "confiança é o melhor capital" (Robert Bosch). A maldade pura seria contraprodutiva. Porém, de acordo com eles, seria igualmente falso seguir o seguinte ideal, certa vez designado de "moralmente bom" por Jürgen Habermas: "Bom é quem, em situações de estresse, é capaz de sustentar as suas máximas". Esta idéia é trancada no quarto mais alto da torre de marfim, ela que constitui uma variante do que pensava o "defensor da ética da convicção", Immanuel Kant, que, como se sabe, era de opinião que se deve fazer o que é direito sem atentar para as conseqüências.

Então, o mau apenas às vezes é bom? Isto ao menos representaria uma ruptura em relação à concepção de que o mal sempre seria mau. O que as pessoas têm em mente quando querem defender, até recomendar, o mal em função do bem?

Elas podem ter diversas coisas em mente. A variante "os fins justificam os meios" pode ser entendida no sentido de que, justamente por isso, os meios maus também são permitidos. Mas de fato é isso que se quer dizer? A maioria das pessoas que não são muito exigentes em termos de meios não se oporia, e sim até aprovaria, caso se apresentasse a sugestão de aperfeiçoar moralmente os meios. Quem, por exemplo, "consome" seres humanos prematuros em algum programa de pesquisa talvez se declare de acordo em restringir esse meio através de procedimentos cabíveis. Ele se sentirá aliviado se filósofos lhe assegurarem que a vida humana prematura ainda não teria chegado ao ponto de cair sob o direito humano à vida, ainda que seja digna de respeito.

Desse modo se admite indiretamente que se deve fazer o bem e deixar de lado o mal. Simultaneamente, todavia, conta-se com um resquício mau não resolvido em cada ação. Para justificar esse resquício, e esta já constitui uma segunda linha de argumentação, é preciso que o fim seja urgente e faltem alternativas. Neste caso, "o bem, isto é certo, sempre constitui o mal que se deixou de fazer" (Wilhelm Busch) é entendido no sentido de que se estaria pondo freios aos meios maus e, desse modo, agindo relativamente melhor do que aqueles que se valem irrestritamente de qualquer meio, não importando sua qualificação moral. Pois é claro que não somos tão maus quanto poderíamos ser. Fazemos guerra, mas poupamos o maior número possível de pessoas. Espoliamos, mas também fazemos doações. Exaurimos o meio ambiente, mas também fazemos algo pela saúde etc.

O mal se torna bom quando, em comparação com o mal de verdade, trata-se apenas do mal restrito? Este mal não é tão mau quanto aquele. Esta terceira argumentação nos é familiar quando se fala do "reino do mal". Essa fórmula, que o presidente norte-americano Ronald Reagan tornou politicamente aceitável nos anos oitenta, possui a finalidade de justificar a resistência contra o mal absoluto de tal maneira que ela inclua o mal relativo. Todo o mal praticado contra o mal absoluto é relativo. Essa fórmula, que já marcou o anticomunismo de tempos idos, marca agora o antiterrorismo. Dito de outra maneira: o mal que eu faço é o bem, porque o mal que com ele combato é o mal absoluto. Em última análise, pode-se justificar qualquer guerra com esse argumento. Dito em linguagem bíblica: como o outro sempre tem uma trave no olho, posso negligenciar o cisco que está no meu. Afinal, não se pode abandonar o mundo aos sanguinários. A Bíblia, como se sabe, de qualquer modo não tem noção do mundo nesse tocante, quando Paulo diz: "Não resistais ao mal, mas vencei o mal com o bem" (Rm 12,21). Esta mensagem e o "reino" a ele pertencente não são deste mundo, mas é bom que tenha existido a Madre Teresa e muitos outros que trabalham nessa direção. No entanto, o alívio proporcionado por eles a curto prazo e o proveito que possivelmente resultará disso a longo prazo não são suficientes. É necessário que exista sempre o mal relativo, para que à sua sombra possa prosperar o bem. Caso contrário, os indefesos sempre serão abatidos.

O lado verdadeiro nisso é que sempre terá de haver a possibilidade da legítima defesa. O lado falso é que o mal do outro, por ser colocado como absoluto, relativiza todo o mal que emprego contra ele. A infâmia do outro não justifica a minha infâmia. Pode-se presumir tranqüilamente que o outro mau também é de opinião que o mal que ele pratica é justificado pelo meu mal. A absolutização do mal do outro, em função da relativização do meu próprio mal, constitui um jogo de propaganda muito apreciado. A questão é: por que ele tem tanta ressonância, embora ele pudesse facilmente ser desmascarado?

Dito de outra maneira ainda: devo submeter os meios que emprego aos mesmos critérios a que submeto meus fins. Se eu submeter os meios meramente ao critério da eficiência no combate ao mal absoluto (que, por sua vez, também se entende como relativo, isto é, justificado pelo mal do outro), então qualquer meio é apropriado. Os "danos colaterais" da minha ação constituem, nesse caso, efeitos colaterais obviamente indesejados, mas com os quais se deve contar. Pois eu propriamente quero sempre o bem, mesmo que temporariamente faça algo que seja próprio do mal que estou combatendo.

Essa é também uma forma de autojusficação bem conhecida na filosofia. Porém, ela padece do fato de, de certo modo, identificar-se com o mal do outro que está sendo combatido. Porque se me deixo determinar no meu agir pelo mal que o outro pratica, eu o estou copiando. Quer seja o antiterror a copiar o terror, quer eu apenas pratique o *antimobbing* como *mobbing* contra o *mobbing*, trata-se da mesma enfermidade moral: a infecção pelos atos perversos que estou combatendo. Há uma razão por que se fala tanto da política "suja": é porque se conta de antemão com o fato de que, no reino da sujeira, não se possa permanecer pessoalmente limpo. Nesse ponto, freqüentemente se faz confusão: a capacidade de errar, a impossibilidade de prever todas as conseqüências do meu próprio agir e, associado com estas, o risco de que o meu próprio agir venha a ser incorreto, não são idênticos à perda da integridade do meu agir. Essa perda só ocorre quando sacrifico as minhas máximas ao conflito, cujos meios permito que me sejam ditados pelo mal que estou combatendo. O exemplo atualmente mais evidente é o de responder ao terror com terror ou empregar a tortura contra o terror: os direitos fundamentais que se está defendendo sofrem prejuízo pelo fato de que abrimos mão deles para defendê-los. Ninguém sustenta um paradoxo como esse sem sofrer dano moral. Existem alternativas para isso que não sejam ingênuas?

As lições já centenárias sobre a aplicação justificada da violência ou sobre a reação violenta legítima visam não se deixar contagiar pelo mal próprio daquilo que se está combatendo e submeter tanto os meios quanto as suas conseqüências a uma verificação a partir da moral dos fins. Se não for assim, surgem carreiras em que as pessoas se apresentam com fins nobres, mas, depois de terem se valido suficientemente de meios que contradizem esses fins para chegar ao poder, elas acabam esquecendo-se do que um dia quiseram. Isso foi reprimido e se encontra soterrado pelo entulho dos meios que foram necessários para a carreira. Por fim, os meios maus obtêm a vitória sobre os fins bons, tornando-se eles próprios em fins da afirmação no poder, com os quais podemos conseguir ser temidos por outros que almejam copiar essa carreira etc. Disso resulta o círculo vicioso da conquista do poder em quase todas as instituições, também nas religiosas, em que talvez não suponhamos que haja isso.

Mas não se trata somente de carreiras nas atividades mais importantes da vida e nas ações públicas. Talvez tolerássemos menos estas, se as pequenas caixas de areia, em que a maioria das pessoas continua a brincadeira (sobretudo os homens, de quem normalmente se espera isso), não fossem cópias em miniatura daquelas estruturas. Só precisamos ter em mente âmbitos como o do esporte, a cartolagem, mas também as faltas e o *doping*. O esporte é um espelho da sociedade. Da atividade cultural e, inclusive, da atividade universitária e escolar dificilmente se escuta outra coisa. Quando se trata de manter posições, acaba a disposição moral.

Ou não seria assim? Cada pessoa pode fazer a experiência de que as virtudes da autonomia, da cooperação e da superação de conflitos possibilitam lidar de outra maneira com os conflitos.

Para que isso seja possível, há necessidade de uma atmosfera adequada. Essa atmosfera se instala quando o poder é exercido de maneira correta: como poder que protege a autonomia, mesmo que a perfeição padeça um pouco com isso. Como poder que não tem necessidade de levantar a questão da lealdade, porque ele trabalha em equipe e se legitima por meio de resultados transparentes. Como poder que evidencia uma pró-solidariedade a partir de cima como treinamento para uma co-solidariedade entre cooperadores e cooperadoras. Muitas investigações sobre a eficiência de empresas chamam a atenção para o fato de que esse tipo de moral é eficiente quando se trata do negócio. Considera-se que institutos regidos pela natureza lupina do ser humano estão tão "condenados" quanto um rebanho de ovelhas que vai parar no meio dos lobos.

Eficiência e moral não se contrapõem de modo absoluto, mesmo que se encontrem num conflito relativo. A moral que consegue entrar em aliança com a eficiência possui maior capacidade de se impor. A eficiência que consegue entrar em aliança com a moral logra maior êxito. Todavia, adverte-se contra abusos. Pois nesse nível muita aliança não passa de aliança aparente, em que a moral meramente é instrumentalizada para fins de propaganda. Exemplos disso podem ser encontrados tanto nos conselhos de ética de empresas quanto nos álibis morais da política ou nas tentativas de empregar a imoralidade do outro como arma de propaganda. A discriminação por meio da "moralina" é uma doença contagiosa. Nesse caso, o aparentemente bom é o mal. No entanto, como ninguém conhece o bem absoluto, tudo o que é bom deve estar consciente de seu valor relativo. Por exemplo, se os "american values" são o bem absoluto, eles legitimam a hegemonia dos E.U.A. Se a religião é o supra-sumo do bem absoluto, pode-se mentir e enganar em seu nome ("pia fraus", fraude piedosa), da mesma forma que, no passado, a luta pela fé e moral freqüentemente representou a perda da decência e do costume. Foi em nome da razão como supra-sumo do bem que Robespierre mandou pessoas à guilhotina etc.

Por essa razão, quem visa ao bem, sempre tem de perguntar pelo correto (cf. capítulo III, 6: "O que é propriamente correto?"). Antes de passarmos a tratar essas questões, é preciso que entremos num acordo sobre os conceitos "moral" ou "ética". Os dois conceitos têm uma aplicação muito diversificada; por isso, será esclarecido a seguir o modo como são empregados neste livro.

3. Moral ou ética?[1]

O que é moral? Se fizermos essa pergunta num grupo de diálogo e presumirmos que os participantes refletem o pluralismo da sociedade, toparemos com respostas bem diferenciadas. Uns talvez dirão que moral é essencialmente acomodação à ordem necessária em nossa sociedade. De imediato eles lançarão mão do famoso exemplo das leis de trânsito. Esta resposta, no entanto, pode ser dada a partir de perspectivas muito diferentes: para alguns, "acomodação" e "ordem" representam valores positivos; para outros, é justamente neles que reside a opressão do ser humano pela moral "dominante". Porém, as duas tendências estão de acordo em que moral tem essencialmente algo a ver com normas sociais.

Consideremos uma segunda resposta possível: moral representa a intensidade e a sinceridade com que eu realizo a minha vida de modo coerente. Vivo de acordo com princípios, valores, obrigatoriedades e urgências que impus a mim mesmo e, na medida em que os observo, estou agindo em consonância comigo mesmo. O problema dessa concepção é este: o que tomo como critério para determinar se minha vida é coerente e intensa? Como consigo entrar em entendimento com outros sobre isso?

---

[1] Cf. mais detalhes no meu aporte: "Welcher Gott für welche Moral?", in: A. BIESINGER (Ed.). *Gott ist mehr als Ethik*. Freiburg i. Br., 1997, p. 48-61.

Imaginemos um terceiro participante do diálogo, para o qual a questão da moral nada mais é que um assunto de Deus. Deus concedeu ao ser humano, por meio da sua criação e da sua revelação, uma noção clara da lei moral pela qual ele deve viver se quiser levar uma existência humana digna. Se eu procuro orientação em questões morais, devo inquirir as instâncias que interpretam de modo competente para mim a palavra moral de Deus na natureza humana e na revelação divina. Esta última deveria consistir numa informação coesa sobre a moral "eclesial". O ponto controvertido aqui é de que maneira a experiência do sujeito individual e a manifestação da própria consciência se tornam relevantes.

Então, o que é moral? A norma social, a coerência de vida, a orientação nas instâncias que interpretam a lei moral? Uma coisa está clara: se a moral se refere à responsabilidade própria do indivíduo, então ela não é o mesmo que as normas socialmente impostas. Pois o interesse destas é que o sistema social funcione de acordo com regras; em que medida cada uma dessas regras está correta só pode ser verificado pela sua aceitação social, ainda que sobre isso a discussão continue. Todavia, é possível levantar questões morais em relação a normas sociais; um exemplo disso seria a pergunta se normas sociais ou legais não estariam dificultando mais do que promovendo o agir em responsabilidade própria.

A moral no sentido da responsabilidade, isto é, do autocomprometimento livre, é o senso para as noções que dão sentido à vida, as quais temos de reconhecer como nossas se quisermos conduzir esta vida de tal modo que ela corresponda à dignidade de cada ser humano. O entendimento quanto a essas noções que dão sentido à vida vem por meio do diálogo entre as diversas experiências do ser humano. Há a experiência histórica do ser humano, há a experiência de sua própria vida como convicção prática vivida, há a experiência referente ao entendimento entre as pessoas, tendo em vista a sua responsabilidade; há os elementos da experiência científica, nos quais o sentido é descerrado e examinado; por fim, é válida também a experiência da fé, que me confronta com as conseqüências últimas da vida.

A experiência é a fonte da vida moral. Mas a experiência necessita de reflexão constante; uma experiência sem reflexão, sem racionalidade, não poderia descerrar e testemunhar a si mesma; ela seria, em última análise, muda. Se a experiência é a fonte da noção moral, então a razão é a instância do moralmente correto. Para reconhecer o moralmente correto, faz-se necessário ponderar as conseqüências que podem resultar de diversas condições e fatos. A essa ponderação das conseqüências, tendo em vista determinadas noções de sentido, dá-se o nome de responsabilidade. Necessitamos das noções de sentido, senão não saberíamos em função de que ponderar algo; por exemplo, a noção de sentido referente ao princípio da dignidade humana, para o fato de um ser humano ser usado apenas para certos fins e não ser considerado também em termos de um fim em si mesmo, no sentido da liberdade de ir em busca de seus próprios fins.

As noções compromissivas de sentido são denominadas de bens ou valores. Quando digo sim a um sentido, então ele representa para mim também um bem ou um valor. Quando, por exemplo, vejo que há algum sentido em dizer a verdade mutuamente, então também dou valor a que isso seja observado. Quando entro num entendimento com outros a respeito disso, então esse valor também vigora no contexto de uma vida em comum.

Todavia, os valores podem modificar-se junto com as noções de sentido. O mesmo vale para os fatos e as situações correspondentes. No decorrer do tempo, aprendemos que, em nossa era científica, o conhecimento de fatos e situações é constantemente ampliado, aprofundado, corrigido. Mas também a mudança dos valores, que para uns pode ser motivo de preocupação e para outros, motivo de alívio, está sujeita à responsabilidade crítica através da razão do ser humano. Mudança significa duas coisas neste contexto: de um lado ruptura, de outro, continuidade. Quem tem algum conhecimento de história, muitas vezes descobrirá que determinados valores, justamente quando parecem ter sido recentemente redescobertos, já haviam desempenhado um papel importante em algumas épocas históricas. Porém, eles não desempenharam esse papel da mesma maneira que hoje. Assim, pode-se dizer que as pessoas sempre puderam chegar a um entendimento, por exemplo, quanto ao sentido da justiça, ou seja, quanto ao seu aspecto compromissivo, ou seja, quanto ao seu valor na história; isso não exclui que elas, no seu presente, reconheçam como especialmente necessária certa perspectiva da justiça: por exemplo, a justiça da partilha entre pobres e ricos.

Portanto, mudança de valores não precisa de antemão provocar temor; mas mudança de valores tampouco é algo que de antemão necessariamente liberta. Na época atual, pode até ser teoricamente correto que a vida do ser humano, sua aptidão para a paz, sua justiça para com o meio ambiente e sua solidariedade sejam respeitadas moralmente de maneira especial como valores. No reverso disso, pode ocorrer que, na prática, a auto-realização e autodeterminação individuais estejam sendo tão exageradamente valorizadas que, desse modo, muito dificilmente se chegará a um respeito intenso, real, do outro em sua alteridade.

O ser humano não pode viver sem valores; ele não pode viver sem perguntar se o seu agir está concretamente correto. Mas, ao dar respostas a essas perguntas, ele chega às normas morais. Ele se encontra num campo em que, concomitantemente, já existem normas morais prévias e que em parte são concorrentes umas das outras. Ele precisa aprender a viver nesse campo de tensão, isto é, de um lado, aceitar o dado prévio de uma orientação no campo moral ou ético e, do outro lado, encontrar o seu próprio caminho para poder decidir-se em meio à concorrência das orientações. A competência moral é competência simultaneamente para a orientação e a decisão. É por isso que ela reside, em última análise, na consciência. A disposição natural da consciência proporciona ao ser humano a capacidade de interligar os diversos elementos da moralidade socialmente imposta, da coerência na vida individual, do reconhecimento da dignidade do outro e da responsabilidade diante de Deus.

Faz parte do aspecto moral da vida reconhecer e aceitar as normas morais corretas. Necessitamos de impulsos e motivos não só para aquiescer ao que é correto, mas também para praticá-lo. Porque o moral não se cumpre unicamente com a noção dele, e sim com a prática. É por isso que a moral concreta se comunica bem menos por meio de um catálogo de normas do que por uma série de atitudes básicas, em que as pessoas reconhecem os seus próprios impulsos e que elas podem observar sem que simplesmente estejam fazendo a mesma coisa que as demais. No âmbito da ética geral, essas atitudes básicas são tradicionalmente denominadas de "virtudes" (cf. capítulo IV, 1). Com isso, todavia, não se tem em mente o que ocasionalmente aparece associado a essa palavra no cotidiano: as assim chamadas virtudes "de segunda categoria", que deveriam caracterizar uma pessoa cônscia de seus deveres. Aqui a virtude reside, antes, na coerência de uma postura de vida que se atesta num agir constante e desse modo se transforma numa atitude. A partir dessa atitude, resolvem-se de antemão muitas controvérsias normativas. Como resultado dessa coerência moral que caracteriza a vida, sabe-se o que fazer em casos controvertidos. Vista dessa forma, pode-se designar a moral também como a capacidade de sustentar suas boas resoluções em circunstâncias desfavoráveis. Isso vale para valores pessoais, como veracidade, coragem, bom senso. Isso vale da mesma forma para atitudes básicas socialmente importantes, como justiça, solidariedade, autolimitação, promoção da vida, aptidão para a paz.

Mas, então, o que vem a ser ética? Eu a defino aqui como "atitude de reflexão sobre moral controvertida". Há outras definições que preferem distinguir a ética como arte do bem-viver da moral como âmbito normativo. No entanto, o que conta aqui é a aproximação filosófica geral, para a qual a ética é a teoria do agir moralmente responsável. Justamente isso é controvertido numa sociedade pluralista, mesmo que em muitas coisas a sociedade nem seja tão pluralista assim. A ética parece proporcionar, em primeira linha, não orientação, mas conflito sobre orientação. Mas ninguém se admiraria que, num sentido religioso mais profundo, a verdade não é um lugar de consenso, mas um lugar de dissenso. Não há dissensões sobre coisas sem importância. Quanto mais a ética for atitude reflexiva sobre moral controvertida, tanto maior a importância que lhe é conferida, tanto mais, contudo, ela é transformada em instrumento (político). Participação competente na atitude reflexiva sobre a moral controvertida torna-se, assim, tanto mais uma exigência que se coloca a cidadãos e cidadãs maduros – nesse caso ela tem efeitos diretos no âmbito político e público.

A ética não nos é dada no berço e nem é assegurada de uma vez para sempre pela moral de grupos nos quais crescemos: neste ponto, encontramo-nos num movimento de busca e numa jornada que não pode mais ser concluída. Essa jornada da ética, como atitude de reflexão sobre moral controvertida, com certeza não pretende deter-se nessa conflitividade. Mas talvez, em vez de dar-se por satisfeito com um consenso mínimo e com compromissos, seja melhor exercitar o desenvolvimento de um posicionamento próprio e de um método próprio de reflexão. Isso inclui o fato de que não se necessita uma atitude reflexiva solitária, e sim conjunta, para desenvolver esse posicionamento moral e juízos próprios.

4. Cada pessoa pode fazer a sua própria moral?

Autodeterminação é uma palavra central para o modo de conduzir nossa vida. Ela abrange também a nossa moral, ou seja, aquilo que consideramos bom e correto? Se escutarmos um pouco à nossa volta, podemos ouvir sobre isso os seguintes pontos de vista:
Uns dizem: eu quero realizar a mim mesmo também na moral. Cada um constrói sua própria felicidade. De qualquer modo ninguém assumir por mim a responsabilidade pela minha vida. Deve-se, no final das contas, seguir a consciência pessoal. Concordando com as séries

televisivas norte-americanas de fim de tarde ("óperas do sabão"),[2] eles pensam que, se alguém faz o que julga ser correto, é preciso deixar-lhe a liberdade de fazê-lo. A moral não combina com coação.

Outros dizem: ninguém sabe unicamente por si mesmo o que se deve fazer. É preciso que alguém nos diga por aonde ir. Ou: isso desde sempre já foi assim, aí qualquer um poderia vir, onde iríamos parar desse jeito? Nenhuma empresa pode-se dar o luxo de que cada um faça o que quiser.

Na pluralidade pós-moderna de opiniões válidas, os dois pontos de vista convivem lado a lado. Tudo o que é válido é válido, e vale também que nem tudo o que é válido é válido. O que isso significa pode ser esclarecido com os exemplos a seguir:

– Nos Estados Unidos da América, dois movimentos morais assumem uma postura bastante militante uma contra a outra. Uma delas é chamada "pro life" (a favor da vida), a outra "pro choice" (a favor da livre escolha). Na assim chamada bioética, "pro choice" tem claramente a preferência também na Europa. O interesse individual, diz-se, tem a primazia em relação a todos os demais interesses em questões da aplicação das tecnologias de

---

[2] N. T. Do inglês *soap opera*: melodramas televisivos apresentados em capítulos, como as novelas, usualmente tratando de temas domésticos de caráter altamente emocional. Receberam essa denominação em virtude dos comerciais de sabão freqüentemente veiculados com essas séries.

ponta no campo de biomedicina, como, por exemplo, no âmbito da fecundação humana ou do diagnóstico genético. Na nossa sociedade, as necessidades e liberdades individuais são fortemente protegidas: mediante proteção legal e mediante a proteção das instituições (mercado livre, ciência livre). Pode-se afirmar que a moral da sociedade vive com razão da promoção das liberdades.

– Porém, isso também acarreta problemas. Muitas vezes parece ser permitido o que agrada. As pessoas fazem o que consideram correto, mas isso freqüentemente é falso, pois prejudica a si mesmas e a outros. Esse é o caso em muitas coisas da vida, a começar pela comida e bebida, mas esse ponto é discutido muitas vezes e com predileção na área da sexualidade. Os exemplos vão desde a pornografia via *internet* até a reivindicação do "one night stand [caso de uma noite]" ou da crítica a ele. A descoberta da própria sexualidade como expressão do próprio ser assume a primazia em relação às perguntas pelo "tu" e pelo "nós", que são igualmente importantes para a vida sexual.

– A afirmação ousada de que a minha moral suporta o que outros talvez não suportem toca num ponto que tem dois lados. De um lado, realmente há na vida (bem poucas) situações que não se pode equacionar de modo preciso com a gramática da moral, do mesmo modo como às vezes é necessário tornar-se criativo em termos de linguagem, quando a língua usual não mais consegue expressar algo, tanto em termos do que é bom quanto do que é ruim ("ajuste de dietas"). Essas situações, porém, devem ser vistas como exceção às regras do cotidiano e não atingem a validade normal e usual destas, a não ser que elas indiquem que algo tenha se tornado questionável em termos gerais na moral habitual. Nesse caso, a exceção pode tornar-se a regra. O decisivo nisso não é a tendência, mas antes a descoberta de que até ali se vinha cometendo um erro. Porque a tendência mesma poderia da mesma forma ser moralmente falha.

Existe algo como um perfil próprio também em questões morais. Nem todos podem conseguem seguir todas as regras com a mesma intensidade; nem todos podem ter todas as virtudes. No nosso *éthos*, nas nossas posturas, na nossa espiritualidade, pode haver variedade em termos comunitários, mas também individuais.

É por isso que com razão falamos de maneira tão positiva da autodeterminação. A moral necessita da razão e, junto com ela, da fantasia; do dever, mas também da inclinação; da dedicação e da solidariedade, mas também da autonomia. Nas normas, a nossa liberdade se torna nosso dever; nas virtudes, seguimos nossa busca pela felicidade mais duradoura possível. Necessitamos de autodeterminação, autonomia e maioridade – mas, ainda assim, não são todos que podem fazer por si mesmos a moral para todos. Isso pode ser verificado por meio de uma pergunta simples: o que queres de fato? Se quisermos saber o que de fato queremos como bem e correto, então necessitamos de regras válidas para todos, e necessitamos de exemplos, modelos, padrões, que nos possibilitem viver como queremos e devemos. A pura arbitrariedade da "free choice" é algo impossível. O que nós queremos sempre já ganhou sua forma com o auxílio da comunidade e da sociedade. Isso vale também para o que nós não queremos. As regras são apenas a forma que o nosso querer recebeu para que possa valer para nós e para todos. Nós não encontramos nosso caminho unicamente a partir nós mesmos, quanto menos a partir do nada.

Quando se consideram as regras para todos, como, por exemplo, as regras interpessoais dos dez mandamentos – não prejudicar ninguém por meio de ludíbrio, não ferir ninguém nem abusar de ninguém, não explorar ninguém –, então se vê o sentido do vínculo comunitário e a importância das autoridades em educação e formação que transmitem essas regras.

Freqüentemente o tema tratado suscita a necessidade de chegar a um equilíbrio, que se torna difícil dos dois lados. Necessitamos de autodeterminação, mas também de instrução; de coragem para sustentar as próprias noções, mas também da antecipação de confiança nas autoridades. O ouvir atento e ativo precede qualquer responsabilidade. Estamos em busca de diálogos francos, mas também de abrigo e segurança. O vínculo entre autonomia e autoridade é produzido e mantido pelo diálogo entre os grupos organizados da sociedade. O diálogo estabelece o vínculo entre consciência e instrução, coragem e confiança, autodeterminação e abrigo.

Debilidades no diálogo não anulam esse vínculo, sem o qual a nossa autodeterminação não corresponderia ao seu próprio anseio por liberdade. Inclusive os especialmente em moral precisam ser capazes de aprender nesse sentido: ouvir a consciência para dar-lhe orientação; aprender para ensinar. Nem a autoridade nem a autonomia devem tornar-se termos estranhos num diálogo desse tipo.

Cada um pode fazer a sua própria moral? Ele não pode fazer isso sozinho, mas tem de fazê-lo em comunidade e atendendo à exigência da pergunta pelo que deve ser válido para todos. Nestes termos, a verdadeira autodeterminação é o autocomprometimento livre. De acordo como o professor de vida Mestre Eckhart, devemos "atuar segundo a ordem, segundo o bom senso e segundo a sabedoria" – um bom conselho para chegar ao equilíbrio que toda pessoa madura deve encontrar.

O equilíbrio muitas vezes depende das experiências que ele faz. Pois a nossas convicções morais básicas ganham forma pelas experiências.

5. Como se formam nossas noções e convicções?[3]

Nossas noções se formam por meio de experiências

Ninguém contestará que vivemos a partir de experiências. Mas a experiência é um fenômeno curioso, que

---

[3] No que segue recorro a D. MIETH. *Moral und Erfahrung*. Band II. Freiburg i. Br., 1998, p. 19-23.

cintila em meio a diversas possibilidades: o evento singular, que nos permite realizar uma experiência significativa, e uma capacidade que chamamos de experiência prática e que, seguindo padrões terminológicos latinos, está contido em palavras como "experto [especialista]" e "*expertise* [especialidade]". A experiência como suma ou como evento – as duas concepções são possíveis e habituais. De qualquer modo, porém, há elementos diversificados na base tanto da experiência individual quanto da interconexão de experiências que resulta na experiência prática: a vivência, a percepção e o encontro. Começando com a "percepção": ela é a nossa experiência sensorial, que também utilizamos em nosso conhecimento científico e então aguçamos com instrumentos sofisticados. As ciências experimentais são as assim chamadas ciências "empíricas" (baseadas numa vertente grega da palavra "experiência"). A experiência nesse sentido é corporal e sensorial, e, como observou Tomás de Aquino, nada chega ao nosso senso intelectual que não tenha passado antes por nossos sentidos. Quem quiser ganhar experiência, deve educar os sentidos: seus modos de percepção, sua sensibilidade, sua qualidade "estética".

Um segundo componente básico da experiência é a vivência. Numa "sociedade de vivência" (G. Schulze) tendemos a nivelar a qualidade da vivência por inflação. O resultado disso para os pródigos em vivências é antes um grande esgotamento de seu bolso e de sua capacidade de digestão. Para compreender o que representa a vivência como material da formação de experiência deve-se ao menos uma vez "co-vivenciar" como uma criança vivencia os grandes eventos em torno do nascimento, integração na comunidade religiosa, casamento e morte. Dos métodos do movimento jovem da primeira metade do século 20 fazia parte a formação da capacidade de vivência por meio da sensibilização, da comoção e do entusiasmo.

O terceiro componente, o encontro, abrange modelos de comportamento e testemunhos, com os quais nos vemos constantemente confrontados. Modelos de comportamento atraem e promovem a comunhão. Mas eles podem também causar estranheza ou até ser percebidos como repugnantes. Por essa razão, não falo simplesmente de exemplos, mas de "modelos" ou com o escritor Siegfried Lenz (*Das Vorbild*, 1973) de imagens que "permanecem controvertidas não obstante todo o seu caráter norteador".

Experiências precisam ser digeridas

Se visualizarmos a composição das experiências, a respeito das quais supomos que, no final das contas, representam a base de nossas convicções básicas, apenas a partir do material que constitui o seu ponto de partida, ou seja, percepção, vivência, encontro, então ainda estamos vendo muito pouco. Toda pessoa, para fazer experiências, deve, por exemplo, poder digerir as suas vivências. Não sendo assim, em caso extremo, ela ficará doente ou, dependendo das circunstâncias, indiferente e insensível, embotada ou, o contrário disso, hipersensível, nervosa e angustiada.

A digestão de "vivências" para compor experiências constitui concomitantemente a base das interconexões de experiências, que no final levam à experiência prática estável (e, se possível, mantendo sua mobilidade), ou seja, levam a convicções vividas que se tornam uma forma de expressão necessária de nosso eu: do nosso eu em busca de sentido, de nosso eu na relação e no reconhecimento social, de nosso auto-respeito.

A digestão de nossas experiências se baseia em realizações prévias efetuadas pelo nosso círculo pessoal, pelo círculo da comunidade mais ampla e, finalmente, pela sociedade. Necessitamos dessas realizações prévias de pais, educadores, conselheiros e companheiros, mas, por outro lado, também precisamos integrá-las autônoma e criticamente. Modelos de comportamento para tal integração são: autonomia (no sentido de autodeterminação e autocomprometimento ao mesmo tempo), capacidade de sustentar conflitos e capacidade de cooperação. Estes três modelos de comportamento retomam nossas experiências básicas e as digerem. Eles estão vinculados com noções possibilitadas pela nossa razão. A razão é a instância da formação esclarecida de convicções; desse modo, ela é simultaneamente instância moral e instância de fé, porque ela coloca a nossa fé *no dever* de prestar contas, mas também a torna *capaz de* prestar contas.

A experiência necessita ser digerida pela razão. O despertamento do intelecto e de seu uso autônomo constitui um verdadeiro programa da "modernidade": "sapere aude" "ouse saber", "livre-se dessa sua menoridade causada por você mesmo" (conforme Immanuel Kant). Hoje, nas pós-modernidade, alguns preferirão aderir ao lema às vezes resignado-derrotista, às vezes maliciosoirônico: "Vale tudo o que é válido, e vale também que nem tudo o que é válido é válido!" Porém, trata-se aí antes de uma experiência de contraste para a formação de convicções básicas.

Quem quiser convicções básicas tem de querer experiência. Da vinculação de experiências forma-se a experiência prática. Quem desejar a experiência como padrão válido e a experiência prática como convicção básica consolidada e ao mesmo tempo aberta para aprender deve apostar na digestão. Ao lado das capacidades intelectuais solicita-se aqui também a sensibilidade. "Exatidão e sensibilidade" foi como o poeta Robert Musil denominou esse projeto de digestão no nosso contexto de vida técnico e pluricultural. Temos muito a recuperar na área da reflexividade do sentimento, por assim dizer, de "sentir o sentimento". (A filosofia promove, por exemplo, antes o "pensar do pensamento".) Isso torna a nossa época tão dependente da psicologia.

Impulsos da experiência

Com impulso da experiência não se tem em mente o extremo da moderna sociedade de vivência digital, na qual o ser humano é requisitado sobretudo como teclado de possíveis estímulos e permite que outros apertem por oferta as respectivas teclas de estimulação numa grade de interruptores da sua alma atrofiada. Ao contrário, existem três impulsos oriundos da experiência que podem ser distinguidos uns dos outros, mas que concomitantemente estão imbricados uns nos outros, que têm um alcance mais profundo e que não desmontam o ser humano em cada uma de suas partes passíveis de estimulação, mas que solicitam o ser humano como um todo: a experiência do contraste, a experiência do sentido e a experiência da motivação.

A *experiência do contraste* consiste numa experiência em que opostos se tornam conscientes no modo da indignação. Nós vivenciamos algo terrível, opressivo, algo que bate de frente conosco, porque justamente "assim não dá" ou assim não pode continuar. Os flagelos da humanidade, a finitude e falibilidade do ser humano, o fracasso concreto – tudo isso produz comoção através da negatividade vivenciada. Isso não pode ser assim, isso não pode continuar desse jeito, isso não pode ser tudo, na verdade isso deveria "funcionar" de um jeito bem diferente – trata-se de impressões que se baseiam na nossa capacidade de ter sentimentos de participação, de respeito próprio, quanto ao que é bom e correto, ou seja, que de fato pressupõem algo diverso, algo positivo, sobre o qual ainda não temos clareza no detalhe, mas que nos conclama à exaltação ou indignação quando vemos que "assim não dá".

Esse elemento positivo pode igualmente ser descerrado pela experiência. À nossa necessidade inerradicável de sentido corresponde a possibilidade e capacidade de fazer *experiências de sentido*, experiências que descerram percepções, vivências e encontros, nos quais, como dizemos, algo "nos vem à mente" ou temos uma "iluminação". A nossa linguagem é um sismógrafo muito sensível para essas ocorrências. É verdade que essa experiência positiva muitas vezes não é tão aguda e evidente quanto a experiência negativa de contraste, mas sem ela a experiência de contraste se tornaria cada vez mais rara: nós ficaríamos embotados.

Muita coisa pode nos vir à mente e podemos ter muitas iluminações sem que sejamos levados a nos pôr de pé e nos engajar ou a mudar nossas vidas. Nós necessitamos também de uma *experiência de motivação* suficientemente forte e que pode ser formulada da seguinte maneira: "não tenho como fugir disso". "Assim não dá!" e "Agora entendo!" são fórmulas mnemônicas dos componentes de uma formação de experiência que se torna prática. E somente uma formação de experiência que se torna prática ganha acesso a convicções básicas ou ainda atitudes básicas.

Até agora falamos de experiências moralmente relevantes; ainda não falamos de experiências morais em sentido direto, quanto ao conteúdo. A seguir trataremos das experiências morais em sentido mais estrito.

6. Experiências morais[4]

"Afirmo que as crianças se interessam por seus pais apenas como fonte de recursos. A relação é egocêntrica: em que medida estou sendo protegido, provido, promovido. Quem são os pais, o que eles sentem, se são felizes, tudo isto escapa à percepção das crianças."[5]

As nossas primeiras experiências morais ocorrem na família. Reforçadas pela memória, elas só nos atingem em cheio quando não mais podemos fazê-las no encontro direto com as pessoas.

Quando morre a mãe de alguém, a qual ele amava e à qual ele deve sua vida, ele considerará a sua morte de certo modo como uma negligência sua. Não como se a morte pudesse ser detida. Mas, antes da morte, haveria tanto a fazer pela vida, mas o tempo é tão espremido, a distração tão grande, a postergação tão cômoda. A memória aguça uma presença que na vida foi tão fraca e tão pouco importuna.

A consciência de culpa, que concomitantemente vem acompanhada da desculpa de não ter podido agir diferente, constitui o impulso para ter um sentimento moral, tomar consciência. O ele inevitável de um outro constitui a origem da experiência moral. Essa inevitabilidade não é uma importunação do outro, nem mesmo

---

[4] Cf. sobre isso: H. HAKER. "Wie die Ränder einer Wunde, die offen bleiben soll", in *Ästhetik und Ethik der Existenz*, Ms. 2004.
[5] W. BRUNS. *Meines Vaters Land*. München, 2004, p. 10.

quando ela chega a nos importunar. Ela é uma parte de nós mesmos, já que nós mesmos não podemos existir senão aos olhos dos outros, em poder dos outros, que não o exercem na consciência de seu poder – ou o fazem apenas sob determinadas condições. Nós tentamos, por um lado, superar esse poder de certo modo não intencional que surge do e corresponde ao nosso ser inserido numa sociedade, mas, por outro lado, também tentamos entregar-nos a ele. Essa experiência moral constitui um equilíbrio entre auto-afirmação e entrega.

As pessoas não têm todas as mesmas vivências; estas chegam a nós como experiência permanente por meio da memória reiterada, da autonarração que é a apropriação da experiência com palavras que nos importunam. Há quem veja como a mais profunda experiência o fato de poder olhar-se no espelho sem estar em conflito consigo mesmo. O fato de podermos considerar algumas ações como "não-atos"[6] tem a ver com não querer ou não poder vê-las como atos de um ator humano. Sim, quase se poderia dizer que, no momento em que a nossa ação entra em cena, cessa a imputabilidade, o ato se desprende de nós, não pode mais ser revertido, passa a fazer seu efeito sobre nós, mas não mais somos esse ato. Estamos habituados a ver o fazer separado do ser, sem que tenhamos uma consciência muito clara disso. Desse modo entramos em tensão com o nosso fazer, nos distanciamos,

---

[6] N. T. Na língua alemã, *Untat* ("não-ato", malfeito, delito) é negação de *Tat* (ato).

retornamos a nós mesmos, assentindo-nos e nos negando, confirmando-nos ou nos arrependendo.

Essa experiência com nós mesmos é uma experiência moral. Por essa razão, o filósofo Heidegger falou da consciência como expressão da preocupação com o próprio eu.

A auto-experiência moral naturalmente não avança sempre até essa profundidade, mas lhe é própria a estrutura da constante "desilusão". Esse autodistanciamento possibilita visualizar o bom e o mau, o correto e o falso, as decisões morais fundamentais. O nosso propósito com isso é preservar o auto-respeito, seguir as máximas que consideramos corretas também sob condições adversas.

A experiência moral pode constituir-se como uma experiência com Deus. Deus está onde se encontra o nosso vínculo mais forte, a dependência sem a qual acreditamos não poder sentir-nos livres, o abrigo que desejamos como origem e destino. A experiência com Deus, no entanto, não se situa ao lado da experiência de responsabilidade moral vinculada com a inevitabilidade do outro e/ou com o auto-respeito. Porque Deus está embutido na pergunta que o outro faz a nós na finitude e limitação de sua vida. A pergunta "onde está Deus?" recebe a seguinte resposta: na face do outro, mais precisamente, na sua face individual, corporalmente delimitada, em que a misericórdia é exigida e a justiça é devida. Ela, porém, também é respondida pela experiência que fazemos "em nosso coração", uma resposta para a qual os místicos, como Mestre Eckhart, Nicolau Cusano e Blaise Pascal, contribuíram com testemunhos variados e idéias especulativas. O coração tem aqui de fato uma conotação orgânica, como, por exemplo, nos termos dos discípulos de Emaús, que após o encontro com o ressuscitado acrescentam à sua experiência a observação: "Não ardia o nosso coração (...)?" (Lc 24,32).

As experiências morais são confrontadas com o fato de, por um lado, ser exigida a responsabilização e, por outro lado, ser impossível imputar a responsabilidade de tal maneira que o ato açambarque a pessoa ("criminoso", "mentiroso" etc.). Isto não exclui a imputabilidade no caso isolado, como o de natureza jurídica. A mistura de imputabilidade e inimputabilidade leva, em determinadas circunstâncias, a uma situação religiosa, como a que Dostoievski descreveu em seu romance *Culpa e castigo*: o ser humano se sente um pecador que necessita de Deus para ser um justo. A experiência da justiça de Deus, ou seja, da justiça que é associada ao nome de Deus e que parte dele, situa-se entre a aceitação incondicional e a condenação iminente, que se dá quando o ser humano não mais permite que a iniciativa justificadora de Deus o encontre e assim também perde a compaixão consigo mesmo. Porém, se ele for bem-sucedido no seu próprio processo de encontrar a si mesmo, então ele escapa do abismo da experiência moral chamada desespero e do abismo da experiência moral chamada presunção.

O ser humano religioso sempre é simultaneamente o ser humano moralmente mesclado. A certeza religiosa dessa firmeza interior não se transpõe de tal modo em certeza moral que o ser humano religioso sempre sabe o que é certo. Nesse campo, ele busca aconselhar-se com outros, caso não seja um arrogante religioso. Mas o ser humano religioso não poderá escapar ao assédio da experiência moral, e freqüentemente ele encontrará com segurança sonambúlica o ponto em que experiências morais mais incisivas se fazem necessárias ou em que justamente se trata de desmascarar o juízo e violência em nome da moral ou até em nome de Deus.

Deus não é um álibi moral, mas certamente o estimulador de uma experiência moral mais profunda. Para esta, Deus não é um tapa-buraco cômodo, e sim um emulador ao auto-respeito e à inevitabilidade do outro ser humano individual. Ele é, como dizem com razão teólogos modernos, o "supérfluo", aquele que transborda e, no seu transbordar, dá ao crente a possibilidade de continuar sendo ele mesmo e simultaneamente tornar-se um outro ao ser desafiado pelo outro. "Deus" constitui uma apelação complicada na fundamentação do bom e do correto, porque primeiro devemos conhecer e chegar a essa fundamentação sem Deus, para saber o que é a vontade de Deus (cf. capítulo IX). A experiência de Deus, no entanto, é uma motivação de peso para exercitar-nos na ética (cf. capítulo III, 4).

Além da experiência religiosa ainda há outras experiências motivadoras da moral: a experiência estética[7] e

---

[7] Cf. M. DÜWELL. *Ästhetische Erfahrung und Moral*. Freiburg i. Br./München, 1999.

a experiência de vida. Na experiência estética, exercitamos a nossa capacidade de julgar. A obra de arte que julgamos "boa" nos toca de tal modo que procuramos fundamentar o nosso juízo com argumentos. Procuramos o entendimento quanto a isso com outras pessoas. Diz-se também que alguém possui "um juízo certeiro".

Isso se diz também quando se trata da experiência de vida. A segurança do juízo evidentemente depende de quantas experiências se fez numa determinada questão. Profissões que têm uma relação estreita com experiências práticas, como, por exemplo, a profissão do médico, nutrem-se do fato de terem formado uma espécie de "experiência prática" por meio de experiências reiteradas. A "experiência" é algo momentâneo, a "experiência prática" é algo duradouro. Dois exemplos disso:

Há quase 25 anos estive internado por um longo período no hospital após um acidente de automóvel em virtude de uma fratura na pelve, sem poder me mover, mas também sem necessidade de intervenção cirúrgica, como que em tratamento "de conservação". Após algumas semanas, o médico-assistente examinou uma nova radiografia e declarou que eu deveria ficar imobilizado por mais algumas semanas. No dia seguinte, veio o médico-chefe, olhou as radiografias e perguntou: "Por que este homem ainda não está em pé?" Perguntei ao médico-assistente quem dos dois tinha razão e por que razões, e ele respondeu: "O chefe já viu mais radiografias". Com isto está dito que o que decide é a experiência prática, ainda que a análise dos argumentos e contra-argumentos possivelmente tivesse provocado insegurança. A decisão por assim dizer não foi fundamentada, mas ela tinha seu fundamento.

Com um segundo exemplo, posso explicitar esse "fundamento". No jogo de basquete, há, como se sabe, jogadores, geralmente as grandes estrelas, que fazem as suas cestas com segurança sonambúlica. Quem alguma vez já tentou arremessar com precisão no alvo saberá que a conversão de direção, alcance e aplicação da força exige uma sintonia que não pode ser composta como um mosaico, mas que só se obtém com treinamento. Nesse treinamento, a experiência é convertida em experiência prática. Também chamamos isso de rotina, embora falte a esse termo o componente criativo inerente à experiência prática: o rotineiro repete, o experiente encontra a solução também onde o contexto ou a situação são novos.

Em questões de moral, faz-se necessário igualmente exercitar a capacidade de julgar. Na *Grammar School* inglesa, foi realizado há alguns anos um programa de ensino da ética com o título *In other people's shoes [Calçando o sapato dos outros]*. Os alunos e as alunas deveriam ganhar experiência em integrar a perspectiva de outras pessoas, para, a partir disso, chegar a um comportamento social seguro.

As experiências também podem ser comunicadas, só que apenas através do "learning by doing [aprender fazendo]", isto é, pelo ensaio. Por essa razão, ainda não se conseguiu tudo se ao treinamento cerebral da razão não se tiver adicionado a experiência prática.

Aristóteles recorreu para isso ao exemplo do músico. Mediante ensaio, ele atinge uma zona em que a coisa como que flui por si mesma. E Habermas comparou a atitude em relação aos valores morais com a "musicalidade", que, em muitos contextos, também nos religiosos, em virtude das experiências práticas, desemboca naquela forma em que o juízo repousa sobre um fundamento sólido, mesmo que ocorra de modo espontâneo, como que "de improviso".

A escola de ética também é uma escola da capacidade de julgar, assim como é uma escola da razão e da sensibilidade. Sem a experiência moral a razão fica andando no mesmo lugar. A experiência prática a leva para onde ela pode desenvolver a sua força. Os argumentos sem experiência têm suas razões, mas não têm chão debaixo dos pés. A experiência sem a ponderação racional e sem o esforço dos argumentos plausíveis certamente seria cega, mas a razão sem a experiência moral seria vazia.

Como as experiências morais são práticas, isto é, atingem o ser humano existencialmente e em toda a sua atividade, pode-se dizer também que uma ética orientada na experiência não pode ser puramente teórica. Como a ética está vinculada à práxis da vida e a muitas experiências moralmente relevantes que nesta ocorrem, vale a seguinte frase para os que ensinam questões de ética: quem não vive assim como ensina, logo ensinará assim como vive.

Mas como pode se formar a experiência, se não há nenhum mundo integrador, nenhuma autoridade, nenhuma continuidade e nenhuma repetição de noção e práxis assegurados? Pois não vivemos apenas na pluralidade das experiências de valor, mas também na constante mudança de valores e de indicativos de valor. Como é possível desenvolver uma consciência apropriada de valor nessa situação? As experiências morais freqüentemente integram a categoria das experiências de contraste já mencionadas. Podem-se conceber as experiências de contraste, como tensões entre a realidade e a moral. Além disso, existe, no entanto, também a tensão entre moral e imoralidade. Por isso, o esclarecimento sobre a imoralidade muitas vezes é uma boa maneira de fazer da experiência genérica, moralmente relevante, de contraste entre realidade e moral uma experiência específica de contraste entre moral e imoralidade. Nesse processo, a ironia serve ao auto-esclarecimento de nossas experiências. Um "guia da imoralidade" faz a tentativa de levar atitudes morais desfiguradas ao extremo, para desmascará-las desse modo e, a partir de sua negação, obter impulsos positivos.

II

PROCESSOS "IMORAIS" DE APRENDIZAGEM

1. Como você age comigo – assim eu ajo com você; a sedução da retribuição

Martin Walser, "Do vocabulário de nossas lutas":[1]

"Por favor, que seja como quer. Eu também sou apenas um ser humano. Tudo tem limites. (...) Eu bem que lhe avisei (...) agora está feito. Está na cara que a razão não adianta mais nada no seu caso. Isso é tudo culpa sua. (...) Aí está! Você me obriga a fazer isso. Por acaso acha que estou gostando disso? Agora nem eu posso mais lhe ajudar. Mas que coisa mais teimosa! (...) É claro que ago-

---

[1] M. WALSER. *Aus dem Wortschatz unserer Kämpfe*. Frankfurt/M., 1970.

ra ele vai dizer que não foi ele. (...) Eu avisei quais seriam as conseqüências. (...) Agora ele levou. É óbvio que a razão não adianta mais nada no caso dele. Não pude fazer nada além de adverti-lo. Se ele não quer ouvir..."

Nessa passagem, Martin Walser combinou fórmulas pronunciadas a partir da perspectiva de uma pessoa disposta a usar de violência e concomitantemente superior em força. A sua encenação irônica deixa claro que, nesse caso, a falta de autocrítica está associada à incorrigibilidade. Essas atitudes se vêem com freqüência. Muitas pessoas justificam o seu comportamento a partir do comportamento do outro. Elas se compreendem sempre a partir da reação. Se elas pegam pesado com alguém, ele mesmo é culpado disso. Ele é que não quis dar ouvidos. Ou ele bateu primeiro, esqueceu qual é o seu lugar ou mostrou ser um encrenqueiro. Culpado é sempre o outro. E de fato sempre é possível procurar a culpa no outro e explicar a sua própria conduta com base nela. Porque geralmente os outros tampouco são cordeiros inocentes. Com certeza se pode discutir sobre se e quando cometemos uma injustiça contra o outro. Se ele realmente terá agido daquela forma, ou se ele realmente terá tido essa intenção. Porém, ao perguntar dessa forma, não estamos falhando em ver a nós mesmos como origem de nossas ações? Na verdade, é lastimável ficar sempre apontando para o outro quando nos consideramos pessoas maduras e responsáveis. Não devemos a nós próprios a responsabilidade moral por nós mesmos sem o olhar de soslaio para o outro?

Entre as histórias curtas da Idade Média encontra-se a seguinte:[2]

O menino de neve

Um vendedor sai para uma viagem de negócios. Ele fica quase um ano viajando e quando ele enfim retorna ao seu lar, a sua mulher o recebe amorosamente, mas também com uma criança nova. À pergunta do seu marido, ela esclarece que certa vez saiu para passear no jardim, cheia de saudade dele, e comeu um pouco de neve e, em decorrência disso, ela engravidara. O homem limitou-se a dizer: "Pode muito bem ter sido isso", e passa a educar o menino com esmero em todas as artes, da caça ao xadrez, da loquacidade ao domínio de diversos instrumentos. Dez anos depois, ele sai novamente para a sua viagem de negócios e leva com ele o menino de neve, que vende no estrangeiro por um bom preço, suficiente para pagar o valor investido na sua educação. Quando ele voltou para casa e sua mulher lhe perguntou pela criança, ele afirmou que o menino teria derretido sob o sol quente.

---

[2] "O menino de neve" é citado conforme K. GRUBMÜLLER (Ed.). *Novellistik des Mittelalters, Märendichtung*. Frankfurt/M., 1996, p. 82ss., e interpretado por W. HAUG, "Das Böse und die Moral", in: A. HOLDEREGGER, J. P. WILS (Eds.). *Interdisziplinäre Ethik*. Freiburg i. Br., 2001, p. 243-269 (p. 256s.).

Essa história irônica certamente foi escrita para o entretenimento e não para ser aplicada à moral. Ou digamos, ao inverso, que, nessa história, a questão moral serve para narrar uma história de efeito humorístico. Sendo assim, o que agora vamos destacar constitui apenas um aspecto: o *tópos* "Como ages comigo, assim eu ajo contigo". (A formulação mais cruenta disso é: "olho por olho, dente por dente".) Pode-se dizer também que se trata de uma típica moral da retribuição.

Está contido aí o motivo literário do fraudador defraudado, neste caso da fraudadora. Esse motivo abrange desde a compensação por um ato fraudulento até a sua superação. Neste caso, trata-se claramente da figura da superação. Pois o homem teve de ocultar por dez anos o motivo aparentemente espontâneo que ele fraudulentamente silenciou, para revelá-lo somente após a venda e o seu regresso.

Em vista de tudo isso, fica claro que não se trata de uma narrativa ou de uma imitação de fatos reais. O que a história conta não acontece de fato ou não é possível imaginar que aconteça. Porque o motivo da neve e seu derretimento é levado ao extremo. Essa idéia revela uma ingenuidade que só com dificuldade podemos conceber. No mundo real é praticamente inconcebível que alguém possa ocultar por tanto tempo a sua reação a respeito de relações íntimas. Encontramo-nos, portanto, no mundo fictício do entretenimento literário.

Nesse mundo fictício, uma questão moral, ainda que ela tenha sido apresentada em função de seu valor recreativo, pode ser mais bem elaborada, tanto quanto possível, livre de todos os acessórios reais. Uma ética narrativa que se vale dessas histórias busca essa vantagem para poder entabular uma discussão sobre modelos de ação. O modelo do jogo da retribuição pode permanecer no nível de uma idéia que leva ao extremo possíveis realidades. No entanto, não levantaríamos nenhuma questão moral se apenas se tratasse de um jogo, como quando um clube de futebol se "vinga" de uma derrota anterior obtendo uma vitória contra o respectivo clube. Sempre que a atitude de reação não se situa no âmbito de uma ação eticamente relevante, a idéia da retribuição não nos perturba.

Mas onde começa a relevância ética e que importância tem ela? A respeito disso, mais uma história que retiro de um filme da televisão alemã sobre um caso criminal.

Um homem promete à sua esposa renunciar à sua paixão pelo jogo e fazer com que seu nome seja colocado na lista das pessoas a serem dispensadas do cassino. Sua esposa, que não o encontra em casa como haviam combinado, segue-o até o cassino da cidade grande mais próxima, mas também não o encontra no hotel. Na tentativa frustrada de ainda conseguir um quarto no hotel superlotado, ela é abordada insistentemente por um homem atraente que lhe oferece o seu quarto e sem rodeios a si próprio. Ainda furiosa com a quebra da promessa por parte do seu marido e, como mais tarde se fica sabendo, movida pelo pensamento de que este há muito já não a considera suficientemente atraente para ter uma aventura, a mulher se joga de cabeça no "one night stand". O homem é colocado a par da verdade por vias tortas e aos poucos. Eles desabafam. O homem compreende que se tratou de uma situação extrema e singular e de fato faz com que seu nome seja posto na lista de dispensa do cassino. Ele, por assim dizer, tomou consciência da seriedade da situação de sua relação e, desse modo, da necessidade de uma mudança inadiável.

Essas histórias mostram que a televisão se encontra repleta de moral.[3] A questão, todavia, que sempre se coloca é se é da moral correta que se trata. Neste caso, trata-se, como na história do menino de neve, de uma história inventada, cujo andamento é difícil de imaginar no mundo real, porque ela requer o concurso de muitos elementos casuais. Isso não quer dizer que a história seja improvável em termos psicológicos. Ainda assim, trata-se de um jogo num mundo virtual que é bem-sucedido no intento de descascar uma questão da mesma maneira que nós descascamos uma laranja para chegar ao seu cerne.

Agora, essa história pode muito bem representar um contraponto à história do menino de neve. Pois ela não trata do "como você age comigo, assim eu ajo com você" nos termos de uma moral da retribuição, mas, tomando essa moral da retribuição como ponto de partida

---

[3] Cf. P. KOTTLORZ. *Fernsehmoral. Ethische Strukturen fiktionaler Fernsehunterhaltung.* Berlin, 1993.

espirituoso, trata da sua superação por meio do diálogo, por meio da reflexão sobre a relação e por meio da compreensão mútua, e por fim inclusive por meio de uma reavaliação e reinstituição da percepção e do respeito recíprocos. A reação do homem, neste caso, é flagrantemente diferente da reação do vendedor em "O menino de neve". Mas se nos detivéssemos a refletir um pouco, então a moral da história do cassino nos pareceria mais plausível e atraente do que a da história do menino de neve. Em contrapartida, só podemos ficar admirados com a idéia do narrador da história do menino de neve, sendo que ela deixa em nós simultaneamente uma ponta de mal-estar. Por exemplo: pode-se lidar assim com crianças; algo assim só é possível num mundo escravocrata; o homem não deveria ter também certa disposição para o entendimento etc. Para nós, transformar a mãe e a criança em instrumentos parece pesar muito mais do que o fato de a mulher ter "pulado a cerca". Ou não é assim? Neste caso, quem sente a coisa espontaneamente desse modo talvez devesse averiguar a sua moral. Ele estaria no papel de quem constantemente sobrecarrega os outros e nunca a si mesmo com moral, já que ele deriva o agir moral da reação. Pode-se afirmar de modo singelo que esse tipo de imaturidade moral, talvez não nessa forma grosseira, mas em muitos modelos mais sutis, é muito difundido, inclusive entre pessoas que exercem profissões altamente "morais".

A história do cassino pode, por isso, servir de modelo contrário. Histórias podem ser corrigidas com histórias.

Está claro, nesse tocante, que não se trata primeiramente das ações isoladas. Naturalmente o autor do roteiro também poderia ter escolhido um outro motivo para despertar a atenção do marido, que não fosse o "pulo de cerca" no hotel. Trata-se, neste caso, de um clichê de bulevar que não se deveria colocar no primeiro plano. No filme, esse clichê foi motivado pelo fato de o quarto de hotel ter certa importância como local do crime.

Portanto, ao interpretar a história desse modo, devemos considerar que se trata de uma história de autodescoberta que salva e faz avançar a história da relação que tinha atingido o seu ponto mais baixo. Para ambos começa, com a ruptura ocorrida inclusive externamente na história de sua relação, um processo lento de autoconhecimento, que, passando por um assombro em relação a si mesmos, chega ao reconhecimento de como se quer ser e, em conseqüência, de como se pode querer ter uma relação respeitosa e amorosa. "Ama ao outro como amas a ti mesmo e não como odeias a ti mesmo", diz Agostinho, o inventor da autoconfissões.

Uma ponte leva da história do cassino para a assim chamada "regra áurea" na sua versão negativa: "O que não queres que te façam, tampouco o faças tu a alguém". Justamente o jogo com a retribuição desvenda que esta não pode produzir nenhuma moral madura de auto-respeito e de relação. Uma boa regra é agir de tal maneira que depois sejamos capazes de olhar-nos no espelho. Uma boa regra é agir de tal maneira que não nos deixemos determinar pela negatividade da ação do outro.

Porque isso pode escalar. Sim, podemos até mesmo ter certeza de que haverá uma escalação. Isso vai do revide a uma falta cometida no campo de futebol até a guerra de retaliação contra o terrorismo. Ao deixar-me determinar pelo negativo do outro, assumo – isto filósofos como Hegel e Adorno descreveram sabiamente – na minha reação a negatividade da ação que estou combatendo: minha ação é co-determinada por aquele contra quem se dirige. Disso resulta a figura da "negação determinada", que tem sua importância no "vocabulário de nossas lutas cotidianas" (Martin Walser) tanto quanto na política, na qual muitas vezes parece como se os Estados estivessem agindo como crianças na caixa de areia se batendo por uma escavadeira.

Mas nesse ponto levanta-se uma objeção justificada: é preciso deter também o poder perverso e não se deve permitir que ele simplesmente se esbalde. Thomas Mann faz o seu José dizer ao soberano do Egito: "Não se deve permitir que as coisas corram como imaginam os incendiários assassinos".[4] De fato, deve existir um monopólio legítimo de poder capaz de deter a escalação da violência. O professor de escola que tolera a violência entre os alunos age inescrupulosamente. O Estado que permite a matança de inocentes não constitui um Estado

---

[4] Cf. sobre T. MANN, *Die Josephromane*: D. MIETH. *Epik und Ethik*. Tübingen, 1976; cf. K. -J. KUSCHEL. "Mein Gott, die Menschen...". Problem einer Erziehung zur Humanität bei Thomas Mann anhand der Mose-Novelle "Das Gesetz", in: D. MIETH (Ed.). *Erzählen und Moral*. Tübingen, 2000, p. 237-258.

de direito. Para controlar a violência entre os Estados necessitamos de uma terceira parte em comum: a ONU.

A figura da negação determinada deixa de existir sob duas condições. Primeiro, no âmbito privado, quando da negatividade da ação do outro tiramos a lição de que não devemos repetir essa negatividade em nossa ação. Somente então a negação do negativo resulta em algo positivo. E, segundo, no âmbito público, quando, diante de poderes opostos em escalação se institui um terceiro poder, concebido para efetuar o controle da violência por meio da organização de um monopólio de poder. Caso contrário, a violência imperial sempre se justifica a partir da violência do outro. Essa violência do outro, ademais, caso ela não exista de fato, sempre pode ser inventada com o recurso à propaganda enganosa.

É um longo caminho da história do menino de neve até a reflexão sobre ações de governos e Estados. Mas ele deixa claro que estas começam no âmbito reduzido do nosso agir cotidiano. Se neste não conseguimos alçar-nos à condição de agentes responsáveis por si mesmos, que não citam o outro como justificativa para seu proceder, nem precisamos falar de reflexão sobre moral, isto é, da ética.

Muitos agora dirão: se não reagirmos às ações negativas dos outros estaremos incentivando a injustiça, a violência e a baixaria. Além disso, a simples renúncia a bater de volta pode levar a que o outro não seja freado e que simplesmente nos deixemos explorar e ferir.

Portanto, é preciso encontrar uma maneira de combater a proliferação e escalação de injustiça e violência, sem que para isso precisemos copiá-las. Caso contrário, não faríamos jus à nossa própria exigência moral e possivelmente provocaríamos a escalação de conflitos. Se quisermos vencer o mal por meio do bem, o falso por meio do correto, temos de submeter-nos à exigência das nossas próprias máximas. Essa moral própria autêntica pode ser atestada ao outro até mesmo pela renúncia ao "como age comigo, assim eu ajo com você": desse modo, interromperíamos um automatismo.

De fato, ponto decisivo na moral é a interrupção de ciclos e escalações negativas. Isso de forma alguma quer dizer que se deve renunciar à resistência contra a injustiça e à designação clara da mesma como injustiça. Essa resistência apenas deve distinguir-se em forma e conteúdo daquilo contra que se dirige.

Transferimos uma grande parcela dessa resistência ao monopólio de poder do Estado e à dinâmica do direito justo. Porém, no nosso comportamento pessoal, geralmente não se trata de transgressões do direito em termos jurídicos. Nesse ponto, necessitamos de uma estratégia que defensivamente coloca no centro a atestação das próprias máximas ou ofensivamente resiste ao outro no que se refere à questão em jogo, sem feri-lo no nível pessoal. Com certeza freqüentemente não é possível lograr isso. Nesse caso, a violência inevitável no âmbito interpessoal não pode ser fim nem meio, mas algo com que se conta como efeito colateral em circunstâncias extremas.

Introduzi essas ponderações com as frases que Martin Walser intitulou "Luta contra o mais fraco que não escuta". Escritores gostam de trabalhar com a caricatura, isto é, com a deformação daquilo que já está deformado e que, através da caricatura, torna-se novamente reconhecível. Essa trilha irônica será levada adiante no que segue: a transferência de nossos próprios erros e de nossos humores agressivos para o outro.

Retomo o tom irônico de um "guia da imoralidade", para evidenciar, por meio de seus traços exagerados, a nossa suscetibilidade para almejar a retribuição e para empurrar a responsabilidade para os outros.

2. Isso é tudo culpa sua – a transferência das minhas próprias agressões para os demais

Diálogo à mesa durante o café da manhã:
 Ela: Ontem à noite você esqueceu outra vez de desligar a televisão e o DVD.
 Ele: Não faz mal se eles ficam em "prontidão [stand by]".
 Ela: O técnico falou para a minha mãe que deixar o aparelho totalmente desligado aumenta sua vida útil e diminui a suscetibilidade a consertos.
 Ele: Eu tenho outra opinião.
 Ela: Você sempre tem outra opinião.
 Pausa
 Filho: Depois de amanhã vamos escrever um trabalho de inglês. Papai ainda não estudou comigo.

Ela: Então ele terá de fazer isso hoje com você.
Ele: Hoje eu não posso e amanhã infelizmente também não.
Filho: Então vou tirar zero.
Ela: E por que você não estudou ontem com ele? Ontem você ficou olhando futebol na televisão. Claro, o futebol é mais importante para você.
Ele (levantando a voz): Talvez eu tenha tirado ao todo uma meia hora para ver futebol. Além disso, ele não me disse nada.
Ela: Você nunca tem tempo. E hoje de manhã para variar você está de mau humor outra vez.
Ele (mais alto): Não estou de mau humor coisa nenhuma. (Mais baixo) Há pouco eu ainda estava bem contente.
Ela: Se você não está de mau humor, não precisa gritar desse jeito.

Pausa

Essa cena pode facilmente ser intensificada: queixa do pai dirigida ao filho. O filho chuta o cachorro. O cachorro morde. Infelizmente não conheço essa intensificação por experiência própria, porque o nosso filho não chuta nada, quanto menos o cachorro, e porque o nosso cachorro nem mesmo rosna, quanto menos morde. Faltam aqui, portanto, as dimensões apocalípticas. Mas há material suficiente para aprofundamento e motivo suficiente para uma introdução às formas mais sutis da imoralidade. Neste ponto, alguns elementos devem ser trazidos à consciência e desenvolvidos para uso proposital. Porque a miséria das ambigüidades morais habituais reside no fato de que se pratica a maldade sem intenção. É verdade que já trazemos no sangue os meios picantes para acirrar situações reciprocamente agressivas, ou foram aprendidas já na infância em vista do exemplo brilhante dos adultos, mas de fato não queremos ferir ninguém. Mas é tão mais bonito provocar, pela adição gradativa de veneno à conversa, primeiro irritação, depois raiva e por fim perplexidade. Desse modo, pode-se observar as reações psíquicas como reações químicas no tubo de ensaio, e, conforme a circunstância, também diminuir a dose, caso o plano seja desvendado prematuramente.

Incitação

Poder-se-ia dizer, modificando um dito proverbial de Wilhelm Busch, que o mal sempre é o bem que se deixa de fazer. Por isso, neste ponto, deve-se de antemão dar valor às omissões: um semblante amigável, um tom afável ou até uma risada solta tornam sem efeito qualquer gesto visando a deixar o outro de cabeça quente, e podem ser recomendados como recurso apenas àqueles que desejam romper a espiral da violência, por afirmarem, por exemplo, que, caso contrário, o café da manhã não lhes apeteceria. Nessa situação, omitir-se de baixar o nível de excitação é o primeiro passo na arte da incitação.

Veneno escondido

O valoroso resultado a ser almejado no teclado dos impulsos que devem transmitir doses progressivas de agressão ao outro consiste na constatação cheia de satisfação: "Olhem só como ele está gritando", ou: "Olhem só como ele perde o controle" etc. Também no âmbito externo, profissional, essa é a melhor das sensações. A condição para isso, todavia, é que os chutes nas canelas sejam desferidos por baixo da mesa, quer dizer, que o veneno instilado passe despercebido, bem ao estilo de Iago ao atiçar o ciúme de Otelo. Caso contrário, a sistemática aplicada retorna sobre quem a utiliza. Deveríamos, então, instruir-nos na sofisticação da imoralidade, para a qual cada um e cada uma de nós tem talento, de tal maneira que não haja conseqüências negativas para nós mesmos. E a sociedade ou o grupo não deixam de ser um Moloque hipermoral. Individualmente ninguém possui moral, mas todos juntos possuímos uma, e cada um pode valer-se dela para prejudicar os demais.

Transferir agressões

Como se pode facilmente deduzir do fragmento de diálogo citado no início, não se trata apenas de constantemente ficar empurrando algo para o "ele", mas também de aplicar incessante e certeiramente as expressões "de novo", "sempre" e "nunca" (que supostamente "nunca" corresponde inteiramente aos fatos). A única maneira de provocar a resistência pela reação melindrada, que então se pode desmascarar com tanto êxito, é:

– afirmar algo que naquele caso isolado está correto,
– declarar que isso se tornou uma condição permanente e incessante,
– empurrar a responsabilidade única e cabal para um ele.

A vítima, que se supõe culpada, não consegue reagir com suficiente rapidez, porque os dois ingredientes envenenados vêm mesclados com um remédio correto. Decompor esse amálgama em seus componentes faz a vítima gaguejar e diminui consideravelmente sua presença de espírito, o que a leva, dependendo do seu temperamento, a ficar exaltada, resignada ou amargurada. Todas essas reações não caem bem e enfeiam o semblante. A afirmação sobre o ele que suscita a agressão é resultado do talento naturalmente perverso do ser humano e de sua transmissão inconsciente. Quantos êxitos não se obteriam se isso fosse aplicado de propósito e como resultado de um planejamento minucioso! Se alguém que se encontra na posição mais fraca ousa contradizer, pode-se dizer a ele: "Você é autoritário". Se alguém responde à altura, diz-se: "Deixe de ser chorão!" O importante justamente não é que a afirmação esteja correta, mas que ela produza irritação. "Quem se defende está se acusando". Portanto, é bom levar o outro a assumir de antemão uma postura defensiva. Se a partir daí continuarmos a atiçar o fogo paulatinamente com muito jeito e assim mantivermos o forno quente, o atingido não dará mais conta de remover a sujeira. Os jornais demonstram isso ocasionalmente em pessoas da vida pública. Quando eles passam a bola um para outro, chama-se isso, não sem razão, de "tocar a presa". "Vamos lá, é dia de caça..."

Tocar a presa

É importante repisar. Justamente no momento em que o outro cede ou dribla o ímpeto da agressão com humor – "Me fuzila, a culpa é minha" –, seria totalmente errado desistir do propósito reles. É preciso continuar sem nenhuma cerimônia a dizer meias-verdades, para que ele acabe não sabendo mais como oferecer a garganta ao golpe, um expediente próprio, como se sabe, dos lobos, que a oferecem ao mais forte em sinal de submissão visando a inibir-lhes a vontade de morder. Neste caso, é preciso morder com vontade, porque, afinal, não somos lobos!

Encurralar

É preciso igualmente cortar ao outro qualquer possibilidade de fuga. Possivelmente ele tentará responder às acusações apontando para as suas boas qualidades e virtudes, talvez nestes termos: "Por outro lado, eu arrumo o meu quarto todo dia de manhã". A reação adequada a isso é esta: "Bom, seria muito bonito se além de tudo você ainda deixasse tudo de qualquer jeito! Isso é o mínimo que você pode fazer. Não fique achando que está fazendo grande coisa. E agora não tente desviar a atenção. Não fique mudando de assunto!" Como se vê, há toda uma gama de floreios cheios de efeito à disposição, que um espírito bem treinado pode brandir praticamente sem esforço nenhum.

Aumentar a freqüência

Contudo, a aplicação desses métodos ao convívio tem seus limites, a não ser que de qualquer modo se queira a separação ou o divórcio. (Neste caso, é preciso continuar nessa linha aumentando a freqüência.) A alternativa da escravização total do parceiro é muito difícil de realizar em nossos dias e, ademais, no final das contas seria monótono. Além disso, isso leva a um estado patológico, tornando-se inimputável (sadomasoquismo) e não satisfazendo mais a nenhuma maldade.

Produzir vítimas?

Por causa dessas limitações no âmbito da parceria e da família, o método deve ser impreterivelmente estendido a profissão, local de trabalho, encontro de colegas, mesa de bar, companheiros de viagem e similares. Elege-se uma vítima – de modo algum a mais baixa na hierarquia; ver acima: sadismo patológico – e se começa a hostilizá-la e criar um clima belicoso. No final, só se precisa apertar certas teclas para fazê-la ou fazê-lo subir pelas paredes. Ademais, essas potencialidades possuem o reconhecimento geral. Elas têm um valor altamente recreativo para os que não estão diretamente envolvidos. Se a coisa chegar ao ponto de correr sangue, todos acabam partindo para as vias de fato. A raiva impotente é comparável à mosca se debatendo no mosquiteiro ou o peixe se contorcendo em terra.

Precaver-se das conseqüências

Todavia, é preciso precaver-se de cometer exageros. A degustação culta não é bebedeira que acaba em ressaca. Aprende a ser perverso sem ter de sofrer as conseqüências negativas. É preferível contar com as conseqüências positivas disso em termos de reputação e chances de subir na vida. A transferência das próprias agressões para o outro reiteradamente leva a que algozes e vítimas sejam confundidos um com o outro.

Esse pequeno guia da ampliação da imoralidade revela um método que pode mostrar-se útil: em vez de reprimir os próprios impulsos vis, chamá-los pelo nome e aprender a lidar com eles.

3. Malevolência ou inveja?

Felizes os que não têm necessidade de sentir inveja e podem dar-se o luxo da malevolência.

A inveja consiste num vício bem conhecido, ao passo que a malevolência é algo muito mais nobre, perfeito e almejável. Porque a inveja é um vício que os pobres adquirem no momento em que estão dando os primeiros passos para fora do embotamento de sua consciência oprimida para dentro da luz da liberdade. Inveja é o que têm os que nada possuem daqueles que possuem mais ou, ao menos, são mais.

Para desviar a atenção do vício mais elegante da malevolência, os malevolentes inventaram a inveja e a fizeram constar em todos os catálogos de vícios e espelhos de penitência, que de qualquer modo são destinados apenas para novos-ricos ou filhas e filhos pródigos. Apenas na avareza ainda assoma uma pequena porção de malevolência, pois está claro que a avareza faz parte da malevolência, na medida em que ela não deseja que os outros tenham algo. Ela, porém, vai muito além desta quando chega ao ponto de não desejar mais nada para si mesma. Trata-se aí do caso sem saída da maldade autodestrutiva; mas não gastaremos mais nenhuma palavra sobre essas excrescências insensatas da imoralidade. Afinal de contas, o que queremos aqui é aperfeiçoar os talentos que se encontram em toda a parte, mas estão na pior; estamos tratando da verdadeira arte de não dar à moral a mínima chance. Sempre me vem à mente o exemplo, tirado de um filme criminal da série escura, daquele gângster, capaz de qualquer barbaridade e pronto para matar sem piscar, que atribui o início de sua desgraça à salvação de uma jovem senhora e o fim dela à tentativa de manter seu cachorrinho com vida. Em casos como esse, a imoralidade tantas vezes comprovada constitui apenas o pano de fundo que fazem os feitos nobres brilharem com mais intensidade.

Mas retornemos ao guia do malevolente talentoso, para que ele possa, sem revelar-se como avarento pela ascese pessoal, exercitar-se constantemente na arte da malevolência, que se constitui em arte da manutenção de privilégios e do poder ou no desdobramento destes. Isso pode ser aplicado pelo chanceler da república contra eventuais príncipes herdeiros, pelo chefe de repartição na televisão estatal contra os que tiveram um ascenso bem-sucedido, pelos professores regulares e médicos-chefes contra os que estão logrando avanços na carreira etc. A disposição correta para isso já é familiar à criança na caixa de areia. Duas crianças querem o mesmo brinquedo. A criança maior e mais forte é a que se impõe nesse processo. Aí vem a educadora de plantão e quer interferir a favor da criança mais fraca. A reação da mais forte e malevolente é uma só: "Você não vai pegar o brinquedo; prefiro quebrar tudo". E já está pisando num monte de cacos quebrados. Diante disso, temos de elogiar a criança maior em nome da malevolência, contudo repreendê-la em nome de um método perfeito de execução. Pois ela arrisca ser censurada pela educadora e, além disso, poderá ser constantemente vista como caráter detestável. Tudo depende aí da arte da aparência: quando a supervisora aparece no campo visual, aproveita-se a oportunidade para passar a escavadeira na caixa de areia para a criança mais fraca. Assim que ela se retira satisfeita para fora do alcance auditivo, ainda haverá tempo de reaver a escavadeira com soberana tranqüilidade e uma leve punição para prevenir a sempre possível rebeldia da criança mais fraca.

Esses também são os métodos que se está utilizando para manter os privilégios masculinos contra a marcha ascendente das mulheres nas instituições. A malevolência masculina até está suficientemente difundida e bem evoluída, mas seu disfarce nem sempre é suficientemente refinado. Hoje em dia, por ser praticamente impossível passar sem as mulheres-álibi, o decisivo é exercer o poder da malevolência na seleção dessas mulheres. É muito fácil identificar uma mulher que ameaça a dominação masculina. Ela é dotada, de uma ou de outra maneira, de autoridade natural e aura cativante. A malevolência é instada a preferir outros tipos: o tipo inexpressivo, o tolo ou o comparsa. No primeiro caso, a mulher de qualquer modo é difícil de avaliar e fácil de ignorar. Em todas as questões decisivas, ela representa como que uma "quantité négligeable [quantidade negligenciável]". No caso da mulher tola, a língua ferina do malevolente consegue acentuar de tal modo suas peculiariades que logo a dama é envolvida por uma camada de vácuo que isola todos os seus movimentos e esforços.

O mais importante nisso tudo é difundir constantemente a sensação de que mulheres em posições de liderança de qualquer modo são seres desprezíveis, que, se não há outro jeito, de preferência escondam partes decisivas de sua feminilidade sob hábitos de monja ou jalecos de médico. A mulher comparsa, por fim, não oferece nenhum perigo, já que ela só é percebida como mulher num segundo momento ou após algum tempo de reflexão. Essas mulheres não ameaçam o poder masculino porque sua reposição sempre é muito restringida e porque elas internalizam a malevolência masculina. Elas podem ser reconhecidas sem dificuldade em duas observações que, no momento apropriado, facilmente lhes escapam dos lábios: primeiro, facilitar às mulheres a ascensão profissional em relação aos homens constituiria uma ofensa ao gênero feminino; segundo, elas próprias nunca teriam tido qualquer dificuldade devido ao seu gênero.

Em vista disso, vemos que o tipo mais refinado de malevolência é aquele que pode ser reproduzido nas almas do prejudicados por ela. Se não fosse assim, como se explica que racismo, sexismo e classismo (dominação classista) desenvolvem uma arte tal de sobrevivência sob condições desfavoráveis que ainda hoje se pode tranqüilamente confiar no seu efeito?

Mas, enfim, não queremos ocupar-nos com formas tão grosseiras de malevolência, que somente causam desgosto à maldade mais refinada. O lugar mais próprio da imoralidade é o cotidiano, o berço das má-formações, no qual ainda podemos nos espreguiçar à vontade, ao passo que no nível macro e brutal nós é que constantemente temos de ficar ouvindo as barbaridades. Muito mais interessante é, por exemplo, a malevolência do funcionário público no escalão mais alto em relação ao trabalhador especializado, que mediante horas extras pode até chegar ocasionalmente a perceber uma renda mensal mais elevada que aquele. Neste ponto, é preciso introduzir de imediato a solene expressão "manutenção do nível de posses", para que os "vermelhos" [comunistas], o tempo inteiro roídos pela inveja, não comecem a tecer comparações entre os que trabalham duro e os que "ficam peidando nas poltronas" e, desse modo, esqueçam a elevada responsabilidade intelectual dos que detêm cargos públicos. Afinal, foi justamente devido a este tipo de situação que o comunismo fracassou: pelo fato de o motorista de ônibus receber mais do que o professor, cuja atividade se nutria apenas ainda do sentido que tinha em si mesma. Uma situação insuportável, uma prova de que as "conquistas socialistas" são resultado da sociologia da inveja, ao passo que o capitalismo se baseia na sociologia da malevolência. Como, porém, o socialismo produziu uma autoridade, uma burocracia partidária e uma nova classe, a nomenclatura, não é preciso levar a sério as diferenças: quando a inveja tiver levado alguém a subir na vida, ele pode despi-la da mesma forma que faz com a roupa da pobreza e, em vez disso, dar-se o luxo de vestir o terno elegante da malevolência, uma malevolência culta, é claro, que aceita ser conduzida a um refinamento.

Do refinamento da malevolência faz parte a arte da transferência da causa para o efeito. Sempre é importante trocar a causa pelo efeito. Suponhamos que alguém tenha sofrido uma injustiça. Por exemplo, ele não obtém um posto para o qual é qualificado, talvez uma cadeira docente, e as razões disso não se situam no âmbito que seria pertinente. É evidente que, se a pessoa em questão gritar, trata-se de um efeito e não da causa. Como, porém, gritar chama a atenção e por natureza já é um tanto dissonante e, ademais, um insucesso dos que procuram subir na vida por si só sempre causa certa satisfação nos "beati possidentes", nos felizes homens de posses, facilmente o efeito faz com que a causa seja esquecida. Uma leve ênfase nas dissonâncias do protesto permite transformar o grito em "berreiro", reforçar o desgosto causado, acentuar o curso do mundo etc., de modo que, no final das contas, a pessoa em questão deve reconhecer que a culpa é toda dela. Nesse tocante, os subordinados ainda poderiam ser acusados de impaciência, falta de capacidade para suportar tensões e incompatibilidade com os colegas. Desse modo, pode-se programar reincidências, e mediante essa arte da malevolência aperfeiçoada é possível manter a concorrência permanentemente afastada.

Esse exercício ainda tem um aspecto positivo: os que foram pisoteados dessa forma passam pelo verdadeiro moinho da socialização da malevolência, o que com o tempo os torna aptos para galgarem posições mais elevadas. Quando eles mais tarde chegarem lá em cima, descarregarão de cima para baixo a injustiça sofrida.

Ainda assim seria errado simplesmente comparar a arte da malevolência com o fenômeno do ciclismo (curvar-se para cima, pisar para baixo), porque o malevolente não pisa: ele providencia que pisem por ele. Por essa razão, até mesmo uma medida repressiva ou um procedimento de desligamento devem parecer atitudes de promoção. Nesse contexto se inserem as seguintes formulações: "Fiz o que estava ao meu alcance". – "Só o que se recebe é ingratidão". – "Tudo o que querem é aproveitar de mim". – "Isso é tudo culpa sua". E assim por diante.

A malevolência como princípio secreto de socialização tem início na escola e prossegue até o ensino superior. Ela é a verdadeira causa do "drama da criança-prodígio" (Alice Miller). Pois é evidente que professores e professoras não podem avaliar as crianças por padrões mais elevados que eles próprios e que o reconhecimento das realizações intelectuais se restringe ao seu próprio horizonte. Nesse sistema, a inteligência e a fantasia são sempre depreciadas, ao contrário da diligência e resistência associadas a alguma limitação, cuja persistência gera alívio e não oferece perigo ao horizonte dos docentes. Pode-se ter certeza de que um professor malevolente é mesquinho ao dar suas notas e com letra elegante faz com que tendam para baixo. Em todo caso, ele não terá a expectativa de que as crianças o instruam em alguma coisa ou que ele possa aprender algo com elas.

Tampouco um professor universitário dessa fração irá permitir que o seu horizonte intelectual seja transposto pelos alunos.

No entanto, tudo isso é antes realidade do que planejamento, antes fato do que sistema, antes fraqueza do que força. O que ocorre aí é a mera transmissão de feridas recebidas ou o que foi negado a alguém também se nega a outros. Mas não se trata meramente de copiar a realidade ("o mundo é duro e injusto"); o que importa é corromper a realidade. Para isso, é preciso, em primeiro lugar, elevar esses procedimentos ao nível da consciência e a dor de consciência, que possivelmente surgirá como efeito colateral incômodo, deve ser eliminada em nome de contingências mais elevadas. Para isso, é necessário que se trate do engajamento em prol de uma causa maior; por exemplo, na política, em prol da preservação das maiorias [parlamentares], da receptividade [pública], da governabilidade etc. Ou na religião trata-se da honra de Deus, da confissão de fé ou da igreja. Só as causas mais elevadas é que tornam nobres as maldades necessárias: o fim doura os meios. Nas nossas latitudes há muito já não se trata mais de pôr a cabeça a prêmio. Ninguém mais é obrigado a morrer pelo povo ou pela religião. Basta que ele ou ela sejam vergados o suficiente para que o insuportável andar de cabeça erguida fique prejudicado. Quando não se consegue dobrar o sujeito, pode ser necessário quebrá-lo, mas isto se faz sem derramar nenhuma gota de sangue.

Assim, a arte da malevolência é a arte da corrupção interior. Pode até ser que com isso seja fomentada a desagregação de instituições, mas, honestamente, isso é tão grave assim? Afinal, é preciso apontar também as desvantagens da benevolência universal. Como se sabe, benevolência constitui o contraponto à malevolência. Na fé cristã, encontramos isso sublimado religiosamente: "Quero bem a quem eu quiser" (Rm 9,18), diz o Deus que, ademais, "faz a chuva cair e o sol brilhar sobre justos e injustos" (Mt 5,45). É comovente como o grande benevolente se preocupa com os que ficaram para trás, os que fracassaram e os retardatários. Ele não quer nem saber de filhos mais velhos que, com esforço e persistência contra fracassados e esbanjadores, galgaram a posição da malevolência. Ele não aceita a malevolência dos trabalhadores na vinha que agüentaram o calor do dia e paga da mesma forma os retardatários que no fim da tarde nem chegaram mais a suar a camisa. Que princípios de socialização! Sempre subvertendo a ordem estabelecida com tanto esforço! Isso sempre já foi assim, agora qualquer um poderia querer, e onde é que iríamos parar? Sorte nossa que os representantes e os representantes dos representantes não se guiam por esse exemplo. Visto por esse ângulo, a malevolência constitui um legítimo ponto de apoio do sistema, formadora de hierarquias, sustentadora do Estado. Ela ajuda a estabelecer hierarquias de competência nos seguintes termos: as cadeiras decidem quais são as capacidades. Assim, a arte da malevolência consiste, em última análise, em fixar o próprio traseiro na cadeira correta.

4. Por que mentir é tão bom e ainda assim tão condenável[5]

Não há narrativa sem mentira, não há verdade sem invenção?

Há pessoas que mentem porque mentir é mais bonito e mais refinado do que dizer a verdade. Trata-se dos contadores de histórias e dos oradores. A realidade chata não nos propicia os efeitos de que necessitamos. Além disso, a nossa presença de espírito costuma ser maior após o acontecimento do que no instante em que ele ocorre. A história enfeitada que passa por muitas bocas e ouvidos sempre é mais interessante do que um relato lacônico dos fatos.

A fantasia infantil, que lida com imagens que se parecem com a realidade, igualmente faz surgir um mundo atrativo, que os adultos contemplam com indulgência depois que aprenderam a discernir entre inverdade e criatividade imaginativa. Em tempos antigos, o mundo era mais infantil nesse sentido e, sendo assim, mais rico: pois a verdade de uma história inventada freqüentemente vai muito além da realidade que com ela

---

[5] Uma análise detalhada da mentira se encontra em E. Schockenhoff. *Zur Lüge verdammt?*. Freiburg i. Br., 2000.

é comparada. Possivelmente a realidade como um todo de qualquer modo não constitui a realidade palpável; as imagens na nossa cabeça ou no nosso coração são um complemento necessário àquilo que podemos verificar com nossos sentidos.

A mentira entre condenação e justificação

Aos piedosos a tradição oferece a seguinte escolha: a mentira perversa, cujo pai é o diabo (cf. Jo 8,44), ou a mentira piedosa, que promove a atuação dos poderes divinos por meio de idéias próprias. Entre os moralistas também se analisa a mentira como declaração falsa justificada, que não constitui mentira. Não tenho eu o direito ou até o dever de mentir por amor ao meu semelhante, por exemplo, para proteger um amigo que está sendo perseguido? Não tenho eu o direito ou até o dever de silenciar a verdade por auto-respeito? E não há métodos artificiosos de mentir dizendo a verdade, por exemplo, apresentando a verdade de tal forma que todos considerem o oposto como o correto?

A mentira sem o dedo indicador da moral

Portanto, aliviemos a mentira primeiramente do peso do mundo mau e das belas prédicas dominicais. Ainda assim podemos amarrar seus pés ao bloco de pedra moral ou pendurar a sineta moral no pescoço do gato. Pois só quando se reconhece a artificiosidade do mentir é que se reconhece também a sua perniciosidade. Não aliviar primeiro a mentira do peso do mundo mau só resulta em reprimi-la: porque ninguém quer ser flagrado como mentiroso. Há cinqüenta anos as mentiras das crianças eram punidas severamente. A educação rigorosa lidava com provérbios como estes: "Ninguém acredita mais em quem mentiu uma vez, mesmo que ele fale a verdade". Ou: "mentiras têm pernas curtas". Ou: "Ser honrado dura mais". Não há como ter certeza se o único efeito dessa moral rigorosa da proibição não era a seguinte lição: se você mente, você deve cuidar para não ser apanhado. Muito mais honrado parecia ser uma atitude "brutal"! Quanto mais as crianças eram catequizadas no sentido de que a declaração falsa consciente é um pecado mortal; quanto mais as gerações de pais iludiam a si mesmas pensando que estavam combatendo a mentira nas crianças, tanto mais facilmente o "belzebu" ocupa o lugar de onde foi expulso o espírito mau. Pode-se perguntar também: haverá gerações mais mentirosas do que aquelas que foram criadas com base dos referidos provérbios? É óbvio que esses provérbios são todos de alguma maneira corretos e fazem sentido – quando não são aplicados a qualquer mentira, o que incentiva a corrupção. A corrupção floresce especialmente onde se exige roupas imaculadas e onde os lapsos são julgados com mesquinhez.

A ponderação em vista da exigência da veracidade

Se quisermos colocar o peso correto, temos de tirar primeiro o peso falso da balança com que se pesa a mentira. Antes de tudo, concedamos as honras estéticas à mentira narrativa, bem contada, e à mentira retórica, contada para provocar o efeito adequado – ainda sobrará lugar e tempo para a moral. E concedamos as honras à riqueza da realidade e à linguagem em que ela pode expressar mais do que a observação pura e simples.

As crianças como lingüistas da mentira

As crianças são consideradas com razão os mais inocentes poetas e lingüistas da mentira, e: "Se não vos tornardes como crianças..." Essa frase bíblica pode ser aplicada também neste caso. As crianças não são retóricos que querem fazer uma boa figura, não são poetas de segunda categoria, que só não querem parecer inexpressivas ou passar despercebidas diante do amigo, mulher ou homem. As crianças (ainda) não são muita coisa, mas justamente por isso elas aprendem as dimensões do tempo por meio da narração. Quando elas mesmas narram, as inverdades denunciam seus medos e suas esperanças. A fantasia possui mais razões do coração do que a razão pode compreender com as razões da razão (formulação livre conforme Pascal). Ou: a mentira na narrativa de uma criança contém mais verdade do que o "Foi assim!" puro e simples.

A mentira na hora do aperto

Quando ainda criança me encontrava a caminho da primeira comunhão, um ilustre me perguntava se eu havia saudado algum outro ilustre. Se bem me lembro, escapei de uma transgressão (não saudar um ilustre) para cometer a outra (afirmar algo que não correspondia à verdade) por causa do medo que me havia sido incutido. Que assem na geena os que lançaram tal maldição sobre a infância, ou mais cristãmente: que Deus seja mais bondoso com eles do que eles foram com a infância. Até hoje não consigo sentir prazer de verdade em mentir, e tenho de contentar-me com a diversão intelectual que me proporcionam as mentiras dos outros, desde que aprendi a distinguir o que é certo do que é errado naquilo que nos foi ensinado sobre o bem e o mal.

No caso da mentira na hora do aperto é preciso diferenciar. Por um lado, é evidente que também em situações de tensão se deve agir assim como se julga moralmente correto. Isso significa que estamos do lado da verdade, mesmo que isso seja incômodo. Caso contrário, teríamos de nos considerar covardes. A verdade dá coragem, mas ela também tem necessidade de coragem. Coragem de manifestar a própria opinião e veracidade são irmãs que se dão bem.

Por outro lado, nem todos têm simplesmente o direito de nos meter medo e nos pressionar de tal maneira que fiquemos em apuros para dizer a verdade. Não são todos que podem esperar que se diga a verdade qualquer que seja ela. Diante do tribunal, por exemplo, não se espera que prejudiquemos a nós mesmos. Por isso, podemos nos recusar a falar. Em outras circunstâncias, pode ser que essa recusa confirme ou reforce uma suspeita – justamente porque se aborda a situação, por assim dizer, com possibilidades previstas para casos judiciais.

Deve-se perguntar, portanto, em que momento se deve recusar uma interrogação porque ela não tem razão de ser, e em que momento se deve sustentar a verdade porque com razão se espera por uma informação. Alguém pode estar pensando agora no conhecido caso do ex-chanceler Kohl, que não dá nenhuma informação sobre a origem de doações. A justificativa de que ele teria prometido aos doadores não revelar sua identidade reforçou a suspeita de que haveria ainda outros motivos e que estaria sendo menosprezada a razão de ser da busca por essa informação.

Mentir contando a verdade?

Para aquelas gerações que, mesmo sem terem passado por rupturas dignas de nota de duas guerras, ainda assim tiveram incutidos no século passado os mesmos (des)valores, é corriqueiro que se deve refinar muito a arte do mentir, para não ser apanhado na mentira pelos outros nem – e isto é a culminância absoluta! – por si mesmo. Um truque bem especial nessa arte é dizer a verdade para mentir, isto é, na consciência de que, desse modo, o destinatário ficará com a falsa impressão desejada. Mais jeitoso ainda é deixar que o parceiro tire as conclusões erradas de detalhes corretos, o que pode ser conseguido facilmente pela singela arte de silenciar. E não é verdade que falar é prata, mas calar é ouro? A fineza no trato da sabedoria do cotidiano é comparável ao vestido simples, ao pretinho básico, que proporciona a devida valorização ao refinamento dos demais adornos.

A mentira como hipocrisia

Há os que, no momento mesmo em que estão dizendo a meia-verdade ou a inverdade, são acometidos pela consciência da verdade. Esse fenômeno põe em risco a credibilidade da política adotada. Existem duas formas de intensificação da mentira sem conseqüências que nos dão a plena consciência do quanto continuamos sendo amantes da verdade apesar da mentira. A primeira forma consiste em mentir sem que alguém consiga provar que estamos mentindo. Isso exige uma circunspecção tal, que nem a maioria das crianças em idade escolar está em condições de mostrar; só as mais inteligentes entre elas conseguem, e por isso logo estão envoltas numa fragrância de honradez e aprendem disso que só são mentirosos/mentirosas aqueles/aquelas que mentem de forma escancaradamente burra. Os infelizes que mentem por simples medo e não em função do esforço soberano de levar vantagem própria cometem erros ao fazê-lo, e por isso geralmente os que mentem são os mais fracos. É por isso que se diz que as mentiras têm pernas curtas. Isso vale também para as mentiras que são avaliadas como expressão de inteligência social?

Ou, dito de outro modo, desde sempre é normal que os mais fortes acusem os mais fracos de mentir ou, no mínimo, de lidar generosamente com a verdade: os homens fazem isso com as mulheres ("lógica feminina" – que circunlóquio charmoso e descarado!), os prussianos com os renanos, os bávaros com os francos [habitantes do norte da Baviera]. A segunda forma da mentira que não implica a perda da reputação honrada é cabível somente a pessoas ilustres, no caso de que acusá-las de mentirem seria algo pior do que o próprio fato de mentirem. Neste caso, a arte de mentir é de uma singeleza tão refinada que faz estalar a língua do perito: mente-se escancaradamente, só que na consciência de que os destinatários da mentira não ousarão afirmar isso. É como no caso das roupas novas do rei; só as crianças revelam a nudez, os cortesãos a silenciam.

Honradez ou sinceridade?

Os filhos e as filhas da honradez aprenderam que tudo é perdoável, exceto a confissão aberta da mentira. Eles aprenderam, portanto, que jamais se pode permitir que sejamos apanhados na mentira e o melhor mesmo é não apanhar a si mesmo na mentira. Desse modo, as crianças aprenderam a honradez como decência, como prestígio e como credibilidade; a sinceridade eles dificilmente terão aprendido desse modo.

Isso hoje mudou: o juízo sobre a mentira de peso não perdeu nada de sua veemência. Porém, tornou-se mais fácil para alguém que mente no aperto confessar que fez isso. O que se procura hoje é a sinceridade da pessoa como um todo, não aquela honradez que incorre na suspeita de considerar a fachada como mais importante do que o lugar em que reside a alma.

Se tudo é perdoável, exceto a sinceridade de confessar um ato desonroso, então temos nisso a fonte de torrentes de temores psíquicos. Pois a distorção psíquica que se passa adiante com êxito, e isto em nome do Altíssimo, não pode ter sido uma distorção. Por que se observa com mais freqüência a humildade do hipócrita do que o reconhecimento franco do fracasso diante da exigência da verdade?

Mentir por auto-respeito?

Dietrich Bonhoeffer fala de um professor que pergunta a um aluno pela manhã: "O seu pai chegou bêbado em casa de novo ontem à noite?", e ele defende o aluno, por não considerar essa verdade da alçada do professor e mentir para ele. A culpa pela mentira seria do professor, não do aluno.

Somos culpados pela mentira da resposta quando fazemos perguntas que não nos cabem e insistimos nelas? Temos o direito de superestimar-nos ao ponto de resistir ao desrespeito com uma mentira? Facilmente se pode perceber que os limites se tornam fluidos se não os traçarmos com suficiente acuidade, por exemplo, entre auto-respeito e subterfúgio covarde.

Kant era de opinião que não se deveria mentir por amor ao semelhante, mas ele considerou que o autorespeito está acima do dever de informar. Isso dá o que pensar, mesmo que o exemplo que Kant apresentou, de que se deve denunciar o amigo perseguido por amor à verdade, com razão não tenha feito escola.

Mentir por amor ao semelhante?

O exemplo que costuma antes de tudo criar problemas para as pessoas é o de dizer a verdade a um doente terminal ou um moribundo que quer saber quais são as suas perspectivas. Nesse caso, o amor ou, do ponto de vista do médico, a concentração no bem-estar do paciente e o imperativo da não-lesão, exigiria que, em alguns casos, se mentisse ou não se dissesse toda a verdade, casos em que se pensa ter de evitar danos? Muito já se escreveu sobre esta questão. Mas, em última análise, todos concordarão que se deve examinar com todo cuidado os motivos de quem se desvia da verdade: é por comodidade, é por hábito, é por incerteza, é porque se acredita que a pergunta não foi feita para obter uma informação precisa ou algo semelhante? Desvincular bem-estar e verdade constitui uma grande tentação. Porém, uma tentação igualmente grande seria usar a verdade como desculpa para dirigir-se às pessoas de modo brutal e direto. Em última análise, nesses conflitos regulares é a consciência que deve ser interrogada (cf. capítulo VII).

Mentira vantajosa ou mentira danosa?

Quem quer que lhe mintam por ocasião da compra de um carro usado? O cliente é culpado se o comerciante encarregado ou mesmo um artesão mentir? Pode-se constatar claramente que a assim chamada "mentira vantajosa" talvez traga vantagem para um, mas ao outro acarreta um prejuízo. Pode haver uma mentira vantajosa que não seja uma mentira danosa? A grande aceitação da mentira vantajosa na nossa sociedade (segundo pesquisas de opinião, até 80%) parece indicar que sim. Por outro lado, as pessoas bem sabem que a mentira vantajosa é uma mentira. Elas apenas a consideram, em certas circunstâncias, compreensível e perdoável, seja em relação a si mesmas, seja em relação a outros. Que circunstâncias são estas? Trata-se do subterfúgio de que o outro tome seus próprios cuidados e examine ele mesmo o produto? Se ele não exigir seus direitos nem cumprir o dever da precaução, isso desculpa aquele que mentiu para obter vantagem? Um subterfúgio desse tipo é perigoso. Ele leva para o caminho tortuoso e produz subterfúgios adicionais: os outros também fazem isso; se eu não aderir ao que infelizmente é a praxe, não tenho como me manter na concorrência; eu nem pego tão pesado como o concorrente x; e assim por diante.

Sempre que o respeito pela outra pessoa e seus direitos é lesado, sempre que a justiça e a lisura para com as justas exigências do outro são feridas, a mentira, que na verdade apenas deveria mostrar as coisas de seu ângulo mais favorável – ou seja: o falso –, torna-se em mentira danosa. A sabedoria popular com seu adágio "mentir para dentro do próprio bolso" expressa com muita precisão como se deve desmascarar a mentira vantajosa.

Nisso tudo, vemos a relevância que possui uma consciência sensível para a questão da sinceridade. Essa consciência não precisa ser escrupulosa e virar cada palavra do avesso, como se fosse uma pedra debaixo da qual pudesse estar escondido um escorpião. A sutileza da moral do cotidiano e das decisões significativas reside justamente no fato de haver as justezas específicas de cada âmbito, de cuja validade eu não devo abusar. No caso da mentira, não devo me esconder atrás do mal-afamado "business as usual" (negócios como de hábito).

O desmentido

Quando pergunto a um político como está um determinado assunto, cujo conhecimento ele não pode admitir sem correr o risco de expor-se a uma sinceridade desvantajosa para ele, ele me evitará ou afirmará na hora um desconhecimento inexistente do assunto. Numa linguagem diplomática, isso significa mais ou menos o seguinte: se você não sabe o que eu sei, então não posso lhe dizer o que sei, senão você ficará irritado e eu serei responsabilizado por isso. Esse diapasão torna possíveis joguinhos muitos sutis: quem alega saber algo, às vezes fica sabendo bem mais do que quer...

Na diplomacia, há a bela arte do "desmentido". O desmentido de uma manifestação ou ação não significa – assim se explica isso – que essa manifestação ou ação não tenha existido, mas apenas que o responsável ou os responsáveis por ela, tendo em vista certos fatores, não têm intenção de assumir essa manifestação ou ação. Nesse caso, quem pode saber se quem desmente está de fato dizendo a verdade por aproximação à realidade ou apenas cumprindo o ritual de uma convenção diplomática específica para os que sabem dos fatos? E qual seria a pessoa de interesse público que ousaria, em forma de "invenção e verdade" de seus balanços autobiográficos, dar aos seus leitores, ao menos *a posteriori*, uma certeza sobre suas mentiras?

Mentir como forma de resistência do fraco

Eu afirmei no início que mentir é uma coisa boa para arredondar a história e produzir o efeito retórico adequado. Quem, porém, se alça às formas mais finas da imoralidade reconhece que mentir é uma questão de medos não trabalhados e desejos de poder não satisfeitos. Na medida que isso é assim, o mentir comporta demonismo e malignidade. As mentiras dos poderosos são piores do que as mentiras dos fracos na hora do aperto, assim como a malevolência daqueles é pior do a inveja destes (cf. capítulo II, 3).

Mentir é, de certo modo, a neurose do oprimido, uma expressão de falsas relações de dominação. Em sentido duplo: os lá de cima se preocupam muito pouco com a verdade, os lá de baixo não podem arcar com ela. Pois veracidade e andar de cabeça erguida caminham juntos. Quando um deles é dificultado, o outro também é dificultado. Por essa razão, a veracidade também tem algo a ver com a resistência que não mais dribla a opressão manipulando a declaração, mas cita a opressão como razão da insinceridade.

Não mentir sobre mentir!

Quem exige o fim das mentiras pode estar certo do aplauso geral e concomitantemente da ausência total de efeito prático de sua pregação moral. Muito mais importante seria exigir que se pare de mentir sobre mentir.

Para emitir um juízo sobre o mentir é necessário ter, como vimos em muitas passagens, um discernimento sensato. Por um lado, mentir é condenável e deve ser classificado como uma das piores fontes de condutas errôneas, de injustiça e de terror. Por outro lado, mentir é uma forma de lidar com a língua que descortina para esta uma nova realidade e novas possibilidades de comunicação. Um "discernimento dos espíritos" é apropriado neste ponto: o que respeita mais os direitos dos outros, como, por exemplo, o direito à integridade pessoal? Logo se percebe que a verdade nua e crua também é uma questão melindrosa.

Percebe-se, todavia, também que necessitamos de uma norma mais elevada, para distinguir as formas e conseqüências da mentira. Se essa norma consistir numa reciprocidade de deveres e direitos, então ela necessitará de muitas variantes para sua aplicação, mas em seu cerne ela será indispensável.[6]

5. Os interesses determinam a moral

Trata-se de um consenso moral generalizado que crianças portadoras de deficiência devem ser fomentadas. Isso é válido também numa situação de hostilidade furtiva a pessoas portadoras de deficiência, que é sentida claramente, por exemplo, por pais em vias de ter crianças portadoras de deficiência. Há uma curiosa divergência gradativa entre a opção de não querer ter crianças portadoras de deficiência e a opção de, já que as temos, lidar com elas da melhor forma possível. A sociedade não parece estar em condições de resolver essa tensão. Há diversas razões para isso, umas mais outras menos compreensíveis.

Durante algum tempo presumia-se que a melhor forma de fomentar as pessoas portadoras de deficiência era confiá-las exclusivamente a forças especializadas com capacitação específica e em locais especialmente adaptados para isso. Assim, entre outras coisas, foram

---

[6] Cf. D. MIETH. "The Basic Norm of Truthfulness", in: C. CHRISTIANS, M. TRABER (Eds.). *Communication Ethics and Universal Values*. Thousand Oakes. London, Nova Delhi, 1997, p. 87-104.

instaladas as escolas especiais. Aprendeu-se, então, a partir de investigações, que o fomento a crianças portadoras de deficiência mental, por exemplo, apresenta melhores resultados quando essas crianças ficam com as outras crianças. Em vista disso, os espaços especiais deveriam ser substituídos pela formação integrada. Correspondentemente deveria ser promovida a instalação de classes mistas adequadas a esse propósito. Todavia, a base legal prevê que esse tipo de fomento deve ser ponderado tendo em vista outros aspectos pertinentes da formação escolar.

Processos de ponderação constituem um tipo especial de desafio. Isto fica claro num exemplo concreto. Numa cidade de porte médio há cinco ginásios.[7] Todos se vêem confrontados com um grande número de novas inscrições e simultaneamente com a questão se deveria ser inaugurada uma classe mista com um pequeno número de crianças portadoras de deficiência mental, que já tiveram contato com essa situação. Isto significa que, nessa escola, deverá ser instalada uma classe menor, adequada para isso. Isto, por sua vez, implicaria em desistir de atender a todas as novas inscrições. É nessa oportunidade que se entra em contato com maneiras de pensar furtivas no círculo de pais: meu filho foi recusado por causa dos deficientes e tem de ir para outra escola. A situação se resolveria, se a escola que opta pela classe mis-

---

[7] N. T. Na Alemanha, escolas de ensino médio (5ª a 13ª série) com uma prova de conclusão (*Abitur*) que habilita para cursar a universidade.

ta de menor porte, querendo desse modo corresponder ao conceito, a ser promovido legalmente, da integração das pessoas portadoras de deficiência, pudesse instalar para isso uma classe adicional.

No entanto, a instalação de classes adicionais tem, por sua vez, custos adicionais. Deveriam ser previstos 1,5 cargos docentes só para isso. Acontece que já foi prometida a uma escola uma classe adicional desse tipo para um ramo de formação especial na área de educação artística e com isso se esgotaram as possibilidades orçamentárias. Mexer nisso significa chamar os pais dos futuros e das futuras artistas para a briga. Também parece não haver mais nenhum recurso adicional, restando apenas uma alternativa: um ramo especial para deficientes ou um ramo especial para a arte.

Todos estariam de acordo se as duas coisas fossem possíveis. Isso, porém, representa para todos os envolvidos, pela premência do tempo, um problema complicado: é muito incerto se o limite do orçamento pode ser ultrapassado mediante ampliação de recursos. As fontes secaram; nenhuma das instituições envolvidas resolve seus gargalos financeiros dessa forma. Acabou-se de conseguir que fossem financiados alguns docentes especiais, ao menos para as crianças que não dispõem de conhecimento suficiente da língua alemã.

Trata-se de uma situação, em que cada parte, em vista de uma exigência moral, finca o pé em interesses legítimos, que seriam lesados pelo cumprimento da exigência apresentada. Ou nem todos os interesses seriam legítimos? E qual seria a sua ordem de prioridade? Como a hierarquia dos interesses que se impõem refletiria ainda a hierarquia de valores que determina as opções do envolvidos?

Por tudo isso, observa-se que propósitos morais são apenas declarações da boca para fora, que se desintegram no mesmo momento em que se deparam com uma barreira que, para sua consecução, deveria primeiro ser saltada. Ou com diversas barreiras, sobre cuja superação seria necessário chegar a um entendimento conjunto, e de maneira ágil. O que vale a minha opção se estou disposto a concretizá-la apenas se não ocorrer nenhum tipo de restrição por parte de outras opções? No fundo, todos os envolvidos numa situação desse tipo deveriam se perguntar isto. Mas eles fazem isso? Facilmente se pode prever que preferirão partir para as vias de fato. Porque a convicção de que meus próprios interesses são especialmente importantes e especialmente legítimos se articula por meio de razões que não são mais compatíveis com um discurso abrangente.

A consciência de que a prática de reflexão sobre a moral controversa, que denominamos ética, só tem início onde interesses deveriam e podem ser controlados por meio de princípios e juízos morais não é muito difundida na lide cotidiana. Em vista dos escassos recursos nos orçamentos, o clima social torna-se cada vez mais frio e o vírus "interesse", sempre presente no ar, não encontra mais resistências capazes de impedir a infecção. Contudo, a moral refletida eticamente constitui algo como o sistema imunológico da sociedade contra a luta dos interesses. Quando o sistema imunológico está fraco, a sociedade adoece.

O exemplo citado poderia facilmente ser complementado por outros, por exemplo, dos âmbitos do sistema de saúde ou da assistência aos idosos. Nestes, a nossa sociedade já está infectada. Curiosamente, na assim chamada "alocação" (uma fórmula abreviada para a distribuição e destinação de serviços) de serviços de saúde e de assistência, ponderações éticas tiveram, até o momento, uma relevância meramente declamatória ("solidariedade e dignidade humana").

Quanto mais elevada for a esfera em que são situadas essas declamações, quanto mais retórica e abstrata for seu sentido, tanto mais a moral se restringe à forma da indignação frente a casos isolados dentro da camisa-de-força do sistema, como, por exemplo, quando os doentes crônicos são obrigados a pagar parte do seu tratamento. Porém, com esse tipo de moral não é possível construir um Estado social que respeita os direitos dos doentes e portadores de deficiência. A indignação nada custa aos que se indignam. Na luta de interesses de graves conseqüências entre especialistas em orçamento, políticas de saúde, economistas da área da saúde, sistemas locais, pregadores políticos de inovações, grupos de interesse, e muitos outros, pode-se tirar mais lições da prontidão para a constante redução da moral. O processo "imoral" de aprendizado promove a experiência de contraste: a dolorosa falta de uma reflexão conjunta sobre ética. (Essas ponderações certamente também têm sua importância para a reflexão sobre política e moral, cf. capítulo VI.)

III

PRINCÍPIOS ADEQUADOS, ARGUMENTAÇÃO CORRETA, DECISÕES SÁBIAS

1. Assumir e formar responsabilidade[1]

Preocupações dos pais

Pais costumam preocupar-se muito com a responsabilidade que têm para com os seus filhos. É responsabilidade deles que suas crianças sobrevivam e permaneçam

---

[1] Cf. F. KAUFMANN. "Freiheit, Wille, Verantwortung", in: J. F. WILS, D. MIETH. *Grundbegriffe der christlichen Ethik*. Paderborn, 1991, p. 9-30; A. HOLDEREGGER, *Verantwortung*, p. 199-208; H. LENK. "Verantwortung in, für, durch Technik", in: W. BAUMGART, H. LENK (Eds.). *Technikbewertung*. Frankfurt/M., 1988, p. 58-78; H. LENK, G. Ropohl (Eds.). *Technik und Ethik*. 2. ed. Stuttgart, 1989.

saudáveis. É responsabilidade deles que sejam corretamente educados e recebam boa formação. E muitas vezes eles fazem uma leitura prematura do resultado de sua responsabilidade, a saber, quando as crianças que estão desvinculando-se dos pais começam a mostrar formas de comportamento divergentes. Contudo, para os que sentem o peso da responsabilidade é difícil encher-se de paciência. Se os avós estão presentes, a simpatia que colhem é tanto maior quanto maior for a paciência e a serenidade que conseguirem reunir, até porque eles já se desvincularam de seus filhos adultos. Mas é de conhecimento geral, e foi retratado em muitas histórias e filmes, que as mães sabem das coisas melhor do que suas filhas e os pais melhor do que seus filhos. Pelo fato de os pais muitas vezes não ficarem satisfeitos com o resultado de sua responsabilidade paterna e materna, eles continuam assumindo a sua responsabilidade, e isso se manifesta como um complicador para os que estão implicados na responsabilidade.

A respeito disso, um velho pastor me contou a seguinte história: pais gostam de perguntar que justificativa eles deverão dar quando um dia comparecerem na porta do céu e Pedro, o guardião, perguntar-lhes o que é feito de seus filhos. Sempre afirmo, disse o sábio pastor, que Pedro dirá: perguntarei diretamente a eles quando chegarem.

Cobrança excessiva e baixo nível de exigência

Essa história deixa claro que não somos responsáveis por toda e qualquer coisa. Por outro lado, não é verdade que não somos responsáveis por ninguém nem por nada. A responsabilidade toma o caminho intermediário entre a cobrança excessiva com sua ampliação em termos de espaço, de tempo e de círculo de pessoas, e o baixo nível de exigência. O baixo nível de exigência ocorre, por exemplo, quando os cientistas não se querem deixar questionar a respeito das conseqüências da aplicação técnica de suas pesquisas. Diante desse questionamento, eles afirmam ser responsáveis apenas pela precisão e lisura de sua pesquisa, mas não pelos resultados dela. O aspecto correto disso é que nem tudo se pode prever ou predizer. Todavia, o argumento não é suficiente para recusar toda responsabilidade pelas conseqüências. Pois a responsabilidade pelas conseqüências faz parte de qualquer tipo e de qualquer âmbito de responsabilidade.

Responsabilidade com base na razão

O ser humano assume responsabilidade por ser dotado de razão, por ser livre e por necessitar continuamente de uma referência social. Razão, liberdade e necessidade de referência social tornam o ser humano um ser humano. Se ele quiser agir como humano, ele está comprometido com essa sua natureza racional que perfaz a sua essência específica. Quem assume responsabilidade, submete-se a uma instância à qual ele deve "resposta". Em termos muito gerais, essa instância é a própria realidade, só que não no sentido de uma forma final fixada de antemão como tipo ideal, da qual não se pode divergir. Isso é o que acreditam os adeptos do direito natural, segundo os quais tudo possui o seu propósito imanente, o qual temos o dever de observar no nosso agir. A realidade consiste, antes, no espectro das forças nela atuantes. Ela representa um desafio, já que, em virtude do antagonismo dessas forças, ela se encontra sempre em tensão. Essa tensão exerce seu efeito sobre nós como experiência de contraste (cf. capítulos 1, 5 e 6).

Aspectos materiais, sociais e individuais de nossa responsabilidade

A resposta que a responsabilidade dá procede da imagem que temos do ser humano e do reconhecimento da dignidade humana (cf. o próximo capítulo). Associados à dignidade humana, estão os valores e bens pelos quais nos orientamos; por exemplo, valores como verdade, justiça, solidariedade; ademais, bens como vida, propriedade, segurança.

Nesses valores e bens manifestam-se também os vínculos sociais do ser humano. Contudo, a relação com a comunidade não constitui o único vínculo preestabelecido do ser humano. O ser humano é corpo e, por essa razão, a sua vida é determinada pela matéria; até ao nível da neurociência tornou-se possível, com a ajuda de um materialismo metodológico, produzir uma "imagem fiel" do ser humano em forma de máquina. Mas corpo é o mesmo que máquina?

Tudo isso, o aspecto pessoal, o social e o material de nossa vida perfaz o todo da realidade do ser humano. A instância a que devemos responder é apresentada a nós por uma realidade cheia de tensões. A "realidade" não deve ser entendida em termos de um tipo ideal nem como soma dos fatos. Senão a facticidade pura que deduzimos das estatísticas teria força normativa. Pelo fato de quase todas as pessoas enganar pelo menos um pouco, nós também teríamos autorização para fazer isso. A realidade requer nossa atenção em vista daquilo que nós sensatamente queremos com ela. Ela nos confronta com desafios, porque aquilo que existe não deve ser simplesmente tomado como obrigatório e com razão resulta numa experiência negativa. Ela nos apresenta condições, sob as quais podemos e devemos assumir nossa responsabilidade. Simultaneamente ela permite que assumamos nossa responsabilidade por essas condições. Porque talvez possamos melhorá-las em prol de uma melhor percepção da responsabilidade.

O sentido do todo

Pelo fato de nossa razão ser capaz de reconhecer o que dá sentido à realidade, temos de colocar esse sentido sob nossa responsabilidade. Isso de modo algum é fácil. Quanto mais vai sumindo a nossa consciência para o sentido de nossa vida, de nosso agir, de nossa profissão, de nossa atividade etc., tanto mais difícil vai tornando-se fazer a opção por uma realidade moralmente possível e tanto mais deixamos de acreditar que um agir responsável – e isso quer dizer: um agir moral – ainda possa fazer sentido. Vivenciamos esse problema hoje na dispersão dos momentos de sentido na vida cotidiana. Muitos não vêem mais onde a nossa realidade como um todo ainda poderia proporcionar sentido, e só o que lhes ocorre são comentários irônicos a respeito da busca pela totalidade. Por outro lado, também vale o seguinte: quanto maior a responsabilidade experimentada no todo, tanto maior o sentido que ela poderá descortinar no plano individual. A responsabilidade no todo de modo algum significa, como já vimos, que ela é ilimitada. A liberdade do outro, que devemos respeitar também enquanto ela, na nossa opinião, ainda não tiver atingido o seu desenvolvimento pleno ou se ela não for alcançada por ele, também traça um limite à nossa responsabilidade: não ao pensamento, mas à ação.

Boa vontade e senso prático

O reconhecimento da responsabilidade humana nada mais é que reconhecer que o ser humano possui um dever moral. A responsabilidade, como se sabe, é mais do que a mentalidade direcionada para o *bem*. A boa vontade sem senso prático é cega; o senso prático sem a boa vontade é vazio. O senso prático pode ser obtido por meio da formação ética; a complementação da boa vontade, por meio da reflexão conjunta sobre o bem e o correto em discursos apropriados.

Fins e meios

Numa ética da responsabilidade não importam apenas os fins bons, mas também os meios corretos para atingir esses fins. Uma parte da responsabilidade está voltada para os fins, quer ser trate de valores como verdade, justiça, liberdade, quer se trate de bens como vida, propriedade e segurança; uma outra parte está voltada para os meios condizentes com que esses valores e bens devem ser alcançados. Fins e meios devem ser avaliados segundo os mesmos critérios. Caso contrário, facilmente se cai na armadilha moral de que o fim justifica os meios. Ou seja, utilizamos meios que rejeitaríamos se fossem fins para atingir fins que consideramos bons. Como, porém, se pode cindir uma responsabilidade moral: dispensá-la quando se tratar dos meios e mantê-la em vigor quando se tratar dos fins? Os meios que aparentemente são apenas levados em conta como mal necessário logo se transformam em fins, em vista dos quais se embotou o juízo original que os condenava.

O contexto da responsabilidade

Todo agir responsável requer não apenas a competência da pessoa responsável, mas também um contexto institucional, um conjunto de regras, a capacidade de realizar sua interpretação e um jeito pessoal sensato de lidar com sua aplicação. Nesse tocante, assuntos e fatos devem ter como ponto de referência valores e bens que lhes conferem sentido.

Isto é válido de modo especial para um agir que tem conseqüências para outras pessoas, sem que estas simplesmente possam evitá-las por sua decisão livre. Esse agir se torna inevitável quando a responsabilidade é delegada. A sociedade extremamente diferenciada só pode funcionar se a responsabilidade é assumida no modo de divisão de tarefas. De um lado, as pessoas têm de investir confiança para poder orientar-se em situações complexas. Por isso, elas delegam responsabilidade voluntariamente a especialistas. É verdade que, numa sociedade que funciona com base na especialização e divisão de tarefas, isso é uma exigência compreensível. Porém, isso tem o seu limite na tendência de livrar-se da responsabilidade com demasiada facilidade. O saber especializado se contradiz com freqüência. O bom senso, por exemplo, na ação política, continua sendo imperativo e não pode ser substituído pelo saber especializado. O ato, comum nos dias de hoje, de descarregar a orientação para conselhos e comissões muitas vezes é apenas um álibi: não se quer ser responsabilizado posteriormente, mas se compõem as comissões de tal forma que venham ao encontro das expectativas.

Usar pessoas?

O diretor de uma importante empresa alemã disse certa vez, há mais de uma geração, que considerava as pessoas como números, como contemporâneas e como irmãs: como números na empresa, como contemporâneas em público e como irmãs na igreja. Neste caso, estabelecem-se diferenciações discriminatórias para o relacionamento com as pessoas. Entretanto, essas diferenciações também possuem um aspecto correto.

É correta a observação de que, por via de regra, lidamos com nossos semelhantes de modo exclusivamente funcional, isto é, nós nos valemos deles para atingir algum fim concreto. O nosso relacionamento nos negócios é desse tipo. Essa forma de ver as coisas desvirtua-se quando temos de levar em consideração os demais contextos em que essas pessoas vivem: contextos de relação, necessidades existenciais, mas também questões de responsabilidade, não possuem uma relação direta com o que podemos chamar de "funcionalidade do trato". Por isso, até é correto diferenciar diversas formas de encontro entre pessoas, mas é errado separá-las umas das outras e, então, tratá-las, como é praxe hoje, de acordo com o seu âmbito específico. Chega a ser um modo de falar muito apreciado dizer que aqui vale uma coisa e que aquele é outro departamento. Em seguida sempre se argumenta com a pertinência específica de cada "departamento", para justificar quais são os limites, as possibilidades e as chances de um relacionamento interpessoal com o semelhante. A isso contraponho o fato de que os âmbitos em que as pessoas vivem entrecruzam-se e se sobrepõem. As pessoas têm direitos e deveres que perpassam da mesma maneira todos esses âmbitos da vida e que constituem um contexto para todos eles.

Responsabilidade em contextos

Cada âmbito da vida humana constitui, portanto, um contexto para todos os demais âmbitos; desse modo eles se interpenetram. Por isso, é necessário adquirir um bom grau de informação em diversas áreas para poder ser eficiente em determinado âmbito; ademais, é necessário vincular esse conhecimento de causa com a própria causa em questão, para estar à altura das expectativas das pessoas envolvidas. O quanto é importante estudar o contexto social fica evidente sempre que nos deparamos com agressões e preconceitos. Em última análise, não há competência específica de um âmbito que seja satisfatória sem o recurso à totalidade dos contextos da vida humana. Isso significa que não há uma responsabilidade específica à parte da responsabilidade básica de cunho geral.

Capacitação para a autonomia

Quem quer assumir essa responsabilidade básica necessita de um espaço de liberdade. O princípio ético da autonomia se refere à possibilidade do livre autocomprometimento. Porém, a autonomia deve ser exercitada – na responsabilidade própria, na responsabilidade no círculo da família e dos amigos, na responsabilidade compartilhada nos âmbitos profissional e social. A partir do exercício precoce da capacidade de opinar, pode-se desenvolver, nesse ponto, certa cultura da autonomia, da capacidade para o conflito e para a cooperação. A maioridade deve, por exemplo, ser pressuposta e exercitada na educação, onde ela está presente apenas de modo incipiente.

A iniciativa pessoal deve incluir o livre autocomprometimento; a responsabilidade também deve ser assumida quando algo não dá certo, quando algo não é eficiente e, nesse sentido, deve ser melhorada. Quando isso ocorre, é preciso redobrar os esforços. Assim, o autocomprometimento livre é um pressuposto básico para que se possa assumir responsabilidade. Caso contrário, isso dependeria exclusivamente das instruções repassadas por alguém. Sempre que as instruções são formuladas de maneira demasiado rigorosa, planejadas de forma demasiado normativa, diminui a capacidade de assumir responsabilidade própria. O mesmo vale também para a capacidade de cooperação na transformação das condições contextuais.

Uma regra para a responsabilidade básica

O filósofo social norte-americano Alan Gewirth desenvolveu de modo plausível uma regra para a responsabilidade básica.[2] Esse princípio tem o seguinte teor: "Atue sempre em consonância com os direitos e deveres, tanto de sua própria pessoa quanto de todos os demais

---

[2] Cf. A. GEWIRTH. *Reason and morality*. Chicago, 1978 e, a respeito, K. STEIGLEDER. *Die Begründung der normativen Ethik. Der Ansatz von Alan Gewirth*. Freiburg i. Br., 1999. Não estou completamente de acordo com a argumentação dessa abordagem, mas sou de opinião que, com algumas ponderações antropológicas adicionais sobre a intersubjetividade do ser humano, necessariamente se chega a esse resultado.

atores atingidos pela sua ação".[3] Mesmo que eu não possa apresentar aqui uma fundamentação detalhada desse princípio, penso que é possível tornar plausível a sua necessidade.

A primeira coisa a registrar a respeito de uma regra desse tipo é que ela designa aquela responsabilidade básica que volta a anular a divisão em números, contemporâneos, irmãos e irmãs, e mostra que cada ser humano, onde quer que se encontre, deve permanecer um ser humano que tem a sua dignidade humana reconhecida. Isso vale tanto para quem presta orientação quanto para quem recebe orientação.

Regras do discurso para pessoas e grupos responsáveis:[4]

1. Não se deve entrar em contradição consigo mesmo, nem na fala nem nas ações.
2. Os conceitos-chave devem, em sua aplicação, procurar expressar os mesmos fenômenos sempre da mesma maneira.
3. Deve-se tentar chegar a um entendimento em relação às formas de expressão, para que surja uma base comum de linguagem.

---

[3] Cf. K. STEIGLEDER, *op. cit.*, p. 210-227.
[4] Cf. J. HABERMAS. "Diskursethik – Notizen zu einem Begründungsprogramm", in: IDEM (Ed.). *Moralbewusstsein und kommunikatives Handeln*. Frankfurt/M., 1983, p. 53-125. Sobre isto: B. SKORUPINSKI, K. OTT. *Technikfolgenabschätzung und Ethik*. Zürich, 2000, p. 198.

4. Deve-se estar identificados com as próprias convicções, tanto em termos de afirmações quanto em termos de ações.
5. Deve-se poder fundamentar as próprias concepções.
6. Cada um e cada uma devem contribuir na elaboração do discurso e, ao fazê-lo, ser seu próprio "advogado".
7. Não deve haver nenhuma obrigação que não tenha sido auto-imposta e convencionada entre os participantes.

No que segue, analiso mais acuradamente a orientação da responsabilidade em termos de conteúdo no respeito recíproco à dignidade humana e examino os direitos e deveres que podem ser derivados disso.

2. As perspectivas da dignidade humana e da imagem humana[5]

Quando a dignidade humana passa a constituir o ambiente no qual se orienta a responsabilidade, temos de esclarecer como entendemos isso.

---

[5] Cf. R. J. Lorenz, D. Mieth, L. Müller (Eds.). *Die Würde des Menschen – beim Wort genommen*. Tübingen, 2003.

Associamos com dignidade primeiramente a proibição de transformar o ser humano totalmente em instrumento, de não mais respeitar o fato de ele constituir um fim em si mesmo e de, nesse sentido, ser indisponível. Contudo, freqüentemente também falamos de "dignidade" quando não temos em mente esse conceito central, mas os direitos isolados que dele derivamos e que, em última análise, fazem sentido justamente porque instam o ser humano a tratar os demais seres humanos de modo digno e porque levam as leis a respeitar a dignidade do ser humano como um valor absoluto.

Quando falamos de "dignidade" na compreensão espontânea, ainda pré-moral, temos em vista algo bem diferente. Nesse caso, o uso do termo "dignidade" aproxima-se muito do uso do adjetivo "digno". Digno é a pessoa que possui prestígio, que é reputada. Isso tem a ver com o fato de que nós desenvolvemos, em correspondência ao atributo "digno", um ideário das qualidades requeridas pela nossa reputação e nossa auto-estima. Isso corresponde a uma antiga tradição, segundo a qual dignidade tem muito a ver com "honra". Ou em latim: "dignitas" tem a ver com "honor". Também se fala muito de dignitários. Trata-se daqueles que receberam honrarias. Se partirmos do fato de que, no século 19, "honra" ainda era uma palavra essencial para designar a capacidade masculina de exigir reparação e a virgindade feminina, então nos vem a consciência de que essa honra ou dignidade foi expressão de uma "sociedade de classes" do passado. A partir do momento em que as classes desapareceram ao menos em termos ideológicos, é mais adequado falar da dignidade como "prestígio" que posso alcançar diante de outros e diante de mim mesmo. Quanto maior o prestígio, tanto maior a dignidade.

Contudo, se associamos com "prestígio" idéias de reputação, então se pode falar de vida "indigna" no sentido de que a vida de alguém se tornou inexpressiva e gravemente comprometida. Se uma vida "digna" nesses termos não é mais possível, fala-se do anseio por um morrer (humanamente) digno. Mas esse anseio só pode surgir no horizonte de um conceito de dignidade bem determinado, ou seja, vinculado com honra e prestígio. Pois até se fala de "dignidade humana", isto é, de uma dignidade inerente a cada ser humano, independentemente de suas condições e qualidades, mas o que se tem em mente é a sua própria reputação, a sua própria capacidade funcional e qualidade de vida, a sua própria auto-estima e a ausência de limitações maiores, como as que decorreriam de estados graves de sofrimento. Pode-se constatar facilmente que esse conceito de dignidade a ser considerado subjetivamente não é idêntico ao conceito do valor absoluto de cada ser humano.

O segundo conceito de dignidade está vinculado à liberdade e capacidade de ação como síntese da capacidade humana de constituir uma existência moral. Está claro que as nossas concepções de liberdade e capacidade de ação estão ligadas a uma consciência humana que seja capaz de articular-se livremente e manifestar os seus próprios desejos. Ocorre que nem sempre agimos conscientemente e nem sempre nos articulamos objetivamente. Portanto, temos de incluir nessa compreensão de dignidade também os estados que se situam "antes", "entre" ou "após". O ser humano concentrado na percepção consciente da liberdade é, por assim dizer, o ser humano compreendido a partir da ponta do *iceberg*. Tudo o que está em contato indissolúvel com essa ponta e que forma uma unidade com ela "herda" dessa ponta também a dignidade. O ser humano é livre e, em decorrência disso, portador de dignidade – a dignidade nesse sentido é, portanto, uma afirmação terminante sobre a possibilidade da existência humana, não sobre a sua realidade. Todavia, essa possibilidade terminante matiza de tal maneira a realidade do ser humano que ela engloba, inclusive estados deficitários do ser humano. Entretanto, certos estudiosos da ética procuram reforçar de tal modo o critério da consciência real e apta para interesses que determinados estados do ser humano – estágios iniciais do desenvolvimento, estados de coma e de demência – não se cabem mais em sentido pleno no conceito de dignidade.

Se quisermos evitar a armadilha da consciência para definir dignidade, então devemos vincular a dignidade com a mera existência do ser humano, com o seu ser-aí [*Dasein*], sem consideração do seu ser-assim [*Sosein*]. Um ser humano possui dignidade, porque ele compartilha a "dignidade da humanidade" (Kant). Nesse caso, liberdade e capacidade de ação são vistas como afirmações terminantes sobre o gênero "ser humano", do qual cada ser humano faz parte, na medida em que pertence a esse gênero como ser vivo do tipo humano. Este terceiro conceito de dignidade é claramente bem mais restritivo em sua aplicação, sobretudo em questões de proteção à vida nos períodos inicial e final da vida humana. É verdade que ele pode coincidir com o segundo conceito da dignidade, na medida em que este não traça o limite da consciência para a dignidade. Ele pode ademais se diferenciar do segundo conceito de dignidade, na medida em que este conta com graus de dignidade, ou seja, graus do valor absoluto. Isto, no entanto, é uma contradição em si mesma: pode-se possuir um valor absoluto apenas em parte? Considero que isso não seja possível. Todavia, os direitos que derivamos da dignidade podem ser postos na balança em caso de conflito. E disso pode resultar uma discussão sobre se todos os direitos de todos os indivíduos podem ser indiscriminadamente validados em todas as suas diferentes circunstâncias. A nossa sociedade certamente ainda terá de se ocupar mais intensivamente com essa questão. Pois pelo fato de um dos princípios da justiça ser o de tratar de modo igual coisas iguais e diferentemente coisas diferentes, não se pode simplesmente igualar tudo porque consta sob a dignidade humana. Por outro lado, porém, deve-se cuidar para que esse argumento não leve à redução barata de direitos justamente onde as pessoas dependem deles. Sem o direito à vida ninguém pode existir. Sendo assim, é difícil estabelecer desigualdades nesse tocante.

Há desigualdades, todavia: por exemplo, a desigualdade entre homem e mulher no que se refere ao evento da reprodução. São só as mulheres que geram filhos no próprio corpo. A formação do ser humano é repleta de relações: entre os sexos, entre pai, mãe e criança. Quem exclui a relação da existência do indivíduo o deixa exposto praticamente sem nenhuma proteção. Nesse caso, a proteção conferida pela dignidade humana lhe é atribuída como se ele ou ela fossem substâncias isoladas em meio à existência. Isto os seres humanos não são, nem deveriam ser transformados nisso com base na sua dignidade.

Quando a dignidade ocupa o seu "posto" correto na relação, pelo fato de o ser humano não ser um agregado de células nem um bloco isolado, a não ser que essa situação seja criada a partir de fora, então a situação isolada da formação do ser humano no tubo de ensaio só é minimamente suportável se ela estiver inserida, como se diz, com certo distanciamento, num projeto parental.

O embrião "à disposição" no tubo de ensaio é uma contradição à formação do ser humano. Nem mesmo os pais podem dispor dele ou dela fora da relação desejada ou convencionada. Isso não é um direito dos pais – nem segundo o direito constitucional alemão.

Se os seres humanos só são eles mesmos em relação, se sua liberdade ou autonomia só prospera em relação, então a dignidade não é algo que pode ser "concedida" a uma "cultura de células" isolada, mas, ainda assim, algo que, assim como a relação, pode ser negado junto com esta – um problema da situação sem saída, do fracasso ou da culpa. O problema que temos com a "concessão" da dignidade humana – que também já é uma expressão falsa e denunciadora – consiste justamente no fato de criarmos situações em que se levanta essa falsa questão, como se nelas o ser humano não fosse ser humano e, desse modo, não tivesse dignidade em si mesmo. Contudo, assim como se pode recusar a dignidade a um marginalizado ou a um condenado à prisão, embora com direito à vida reduzido, mas permanente, assim também se pode criar situações, em que a garantia da dignidade se torna problemática. Porém, quando se trata da "proteção à formação do ser humano", como demonstra Christiane Kohler-Weiß no seu livro[6] – cuja leitura vale a pena –, então uma objetivação não relacional ou pobre em relações da fase inicial do ser humano é intolerável. Esse fato muitas vezes é ignorado por meio de um círculo vicioso. Este consiste em que primeiro se cria uma situação sem "dignidade" (o ser no tubo de ensaio), para em seguida problematizar a dignidade, tendo em vista só esse dado não relacional, e por fim recusá-la.

A objetivação do ser humano num estado de divisão e isolamento – um problema que também pode ser formulado em vista da preocupação com o isolamento das pessoas idosas – volta-se contra um reconhecimento profundo que proíbe fazer uma "imagem" do ser humano,

---

[6] C. Kohler-Weiss. *Schutz der Menschwerdung*. München, 2003.

para depois ficar retocando e modificando-a. Bertolt Brecht chamou a atenção para o fato de que nós concebemos imagens das pessoas para fazer com que essas pessoas se orientem nessas imagens, em vez de nos orientarmos nas próprias pessoas. A proibição de conceber uma imagem do ser humano tem em vista o mesmo que o seu isolamento: primeiro ele é fixado, depois se dispõe dele.

Assim como o ser humano não é uma soma de valores, mas se encontra como ser humano junto com seres humanos em meio à "dignidade da humanidade" (Immanuel Kant),[7] assim ele tampouco pode ser expresso em equivalentes biológicos, mas é portador na relação com outros e juntamente com eles de uma imagem invisível, que não podemos fixar, mas devemos aceitar e venerar. A imagem fiel escapa ao seu aspecto visível. Também um ser humano destituído de sua dignidade – no sentido exterior – ainda seria portador da dignidade humana.

Só se vê bem com o coração: esta sabedoria da visão interior, da imagem interior, evidencia algo do respeito que tão facilmente perdemos quando pressionamos o ser humano a assumir um papel isolado, coisificado. A proibição de fixação da imagem humana e a dignidade humana se contrabalançam. A concepção associada à "imagem" e o conceito "dignidade" como valor absoluto depuram-se reciprocamente. O conceito "dignidade"

---

[7] Cf. R. BRUCH. *Person und Menschenwürde. Ethik im lehrgeschichtlichen Rückblick*. Münster, 1998, p. 33.

só fica claro quando se distingue a dignidade de suas avaliações e concessões. A concepção, a "imagem", só estará depurada depois que as imagens fixadas forem corrigidas por outras imagens.

Temos de cuidar para não organizar o nosso mundo de tal maneira que, com uma percepção científica reduzida, apreendamos o ser humano como um agregado de elementos a serem manuseados. E temos de cuidar para não tirar dele primeiro a dignidade através do isolamento, para depois discutir sobre se ele a possui em si mesmo!

De acordo com a tradição antiga, a dignidade tem a ver, como tentei mostrar, não só com relação, mas também com liberdade. A capacitação do ser humano para a liberdade se estende à dignidade do gênero humano. Ele se entende desse modo não por último porque o ser humano é um ser relacional e porque sua liberdade é possibilitada pela idéia de uma solidariedade original. Porque ninguém se obtém a partir de si mesmo. Porém, ao tornar-me consciente da minha liberdade a partir de uma libertação solidária, faço um novo início com a pergunta: "O quanto realmente sou livre?"

3. O quanto realmente sou livre?

Após terem tomado uma decisão importante, freqüentemente se ouve as pessoas dizer: não tive escolha. Elas consideram que a sua decisão foi imposta pelas circunstâncias. Se este for o caso em relação a decisões da vida – em que comunidade viver, que trabalho exercer, pelo que se engajar continuamente –, então perguntaríamos se essa determinação do caminho a seguir, dada por circunstâncias e pessoas, deu-nos a devida liberdade de fazê-lo.

Por outro lado, pode ser que nem queiramos liberdade a mais, como nos sentir livres de relações de vida. "Eu estava livre, realmente livre", disse Erica Jong no seu romance *Medo de voar*, depois de uma relação ter chegado ao fim, "foi o instante mais terrível da minha vida". Evidentemente também se pode estar de acordo com decisões que são determinadas por circunstâncias e pessoas. Liberdade não é só desprender-se de determinações, mas também se submeter a elas e consentir nelas.

Porém, as novas descobertas da neurobiologia não tiram a nossa liberdade, ao considerarem que o nosso comportamento é guiado sem que disponhamos de um painel de controle para controlar os movimentos do barco de nossas vidas?

Dispomos de um conhecimento cada vez maior de como funciona o nosso cérebro. Chega a parecer que há uma correspondência entre a estrutura de nosso cérebro, as suas regiões, as suas partes, os seus retículos, e aquilo que perfaz o nosso comportamento. Não choramos mais porque estamos tristes – estamos tristes porque choramos: foi assim que o famoso pesquisador do cérebro Niels Birbaumer expressou esse dado. O que se quer dizer com isso é que a nossa imaginação inverte as causas do nosso comportamento: o corpo reage a nossos estados psíquicos, quando na realidade somos corpo de ponta a ponta, de modo que os estados da nossa consciência constituem apenas estados de nosso corpo refletidos e comandados no cérebro.

Nesse caso, ainda somos livres ou somos meramente comandados pelas determinantes que se constituíram, praticamente independentes do nosso posicionamento, num sistema autônomo de comando? O indivíduo deve ser encarado como um sistema cibernético, que possui, é certo, as suas peculiaridades individuais; estas, no entanto, surgem como que sem controle a partir daquilo que o reflexo cerebral de nossa existência provoca em nossa bagagem genética.

O especialista em medicina e eticista Rudolf Kautzky formula isso da seguinte maneira: "É compreensível que uma determinação cabal do comportamento humano como um todo, naturalmente não só pela hereditariedade, mas também pelas influências do ambiente, pela informação, programação, motivação, seja (...) entendida freqüentemente como antítese à livre vontade. Mas justamente na nossa época, a livre vontade recebe de todas as correntes intelectuais um lugar de destaque como elemento básico da dignidade humana. Se ela viesse a ser abalada, responsabilidade, culpa, punição, perdão se tornariam questionáveis".[8]

---

[8] R. Kautzky. *Euthanasie und die Gottesfrage*. Stuttgart, 2003, p. 105.

Dificilmente se poderão refutar duas suposições: primeiro, que o ser humano é determinado e, segundo, que ele não é capaz de compreender isso totalmente. Portanto, a liberdade não pode estar situada em algum ponto fora de toda determinação, mas se encontra armazenada dentro desta. Nesse caso, o ser humano estaria determinado a tomar decisões em liberdade subjetiva, mesmo que essa liberdade esteja objetivamente assentada. Assim, de um lado, somos a origem de nossas decisões e de nossas ações, mas, por outro lado, também não o somos.

Há duas possibilidades de solucionar essa dificuldade. Uma delas consiste em nos contentarmos, na vida social, com impulsos subjetivos para atribuir responsabilidade e imputabilidade. Não faz diferença se somos determinados ou não: nós é que temos de decidir. A outra possibilidade parte do pressuposto de que temos a capacidade de reconhecer determinantes e nos comportar em relação a elas. Nesse caso, a liberdade é a capacidade de desvendar as determinantes e assumir uma atitude de confirmação ou rejeição para com elas. Isso pressupõe um treinamento da consciência para tornar transparente o maior número possível de influências. O limite a que se chega desse modo e cuja dilatação ocupa ramos inteiros da ciência não anula a competência pela minha ação. A razão disso é que a espontaneidade da minha vontade não está acorrentada às forças que atuam sobre mim. E se este for o caso, falamos de doença: não conseguimos alcançar ou manter a capacidade de ação que nós mesmos almejamos. Falamos então, por exemplo, de crimes passionais, de depressão profunda ou de dependências doentias.

A livre vontade espontânea pode posicionar-se em relação a mim mesmo e, mesmo que pareça difícil concretizar a força da vontade, a vontade só fica "doente", quando ocorre, por exemplo, dependência física de drogas ou similares. O fato de falarmos da doença com os que por ela são atingidos pressupõe que estes dispõem da vontade espontânea de, nessa condição, poder diferenciar entre dependências e não-dependências.

A ação é uma escola da vontade. No agir vejo onde se localiza a fonte da minha decisão. A partir daí aprendo que a minha vontade precede o meu agir em termos de objetivo e delineamento. Ações desse tipo não são, portanto, algo "arbitrário", como muitas coisas que fazemos obedecendo às nossas necessidades. Só as ações em que a vontade e sua decisão se desdobram de modo espontâneo constituem ações éticas relevantes propriamente ditas. Inversamente, a vontade só começa a ser propriamente ética quando se manifesta no agir, pois senão se poderia falar de meros caprichos da vontade que permanecem no nível do descomprometimento.

"A observação de si mesmo pode mostrar como a totalidade das energias psíquicas se sintetiza no querer. Para querer e para agir temos de nos 'concentrar'; tudo o eu contém em si mesmo deve cooperar; uma decisão da vontade, semelhante a uma pedra jogada na superfície da água, desenha os seus círculos em toda a vida interior. Ao dar curso à imaginação, ao desejar algo, nas ações que fazemos por hábito, estamos apenas parcialmente, às vezes até mais passivamente, envolvidos, idéias nos vêm, desejos nos acometem, movem-se dentro de nós etc. Porém, em nenhum sentido se pode dizer: algo quer dentro de mim, uma decisão da vontade me vêm; ao contrário, o portador da vontade é o ser humano como um todo que age por si mesmo."[9]

Circunscrevi o eu como fonte da ação com o termo "espontâneo". Pois, já que na liberdade da vontade o agir deve ser considerado como idêntico a nós mesmos, essa liberdade não deve ser derivada de nada que atue em nós, exceto de nós mesmos. Não podemos esquivar-nos nesse ponto ou vai parecer tão ridículo quanto a justificativa de Adão embaixo da árvore do paraíso: "Foi Eva quem me deu a maçã".

Com isso não se negam as pulsões do ser humano; antes, conta-se com que ele saiba lidar com elas de tal modo que reforce ou enfraqueça certas determinantes. Se o motivo do meu agir é espontâneo e livre, então fui eu que elevei as pulsões à condição de motivos. Fui eu que as acentuei, identifiquei-me com elas ou as rejeitei e me distanciei delas.

A liberdade não tem outro autor além de nós mesmos: as leis naturais ou as obrigatoriedades internalizadas por meio da socialização constituem apenas o "ma-

---

[9] O. WILLMANN. *Abriss der Philosophie*. Freiburg i. Br., 1959, p. 278.

terial" da liberdade. Isso não significa que elas sejam como cera nas mãos da liberdade, que se deixa moldar a bel-prazer. O "material" impõe limites à forma, mas não a domina. A ética como reflexão sobre a moral controvertida é possível, porque podemos ter idéias, que vêm acompanhadas, é certo, de fenômenos corporais, sobretudo no cérebro, mas que não são idênticas a esses fenômenos. O ato de solucionar uma tarefa de cálculo não é idêntico aos reflexos do cérebro que o acompanham. Não existe apenas um mero sistema de estímulo e reação, no qual esperneamos como marionetes suspensas por cordões. Porque nós somos capazes de refletir sobre essas dependências. Essa capacidade de expressar a nós mesmos vai além da soma dos processos funcionais. Nós a ultrapassamos ou "transcendemos".

Contudo, nós não estamos em condições de comprovar a liberdade. Apenas podemos torná-la plausível. O cerne dessa plausibilidade reside na dissolução completa do nosso eu, quando tentamos pensá-lo sem a concentração na liberdade. Esse experimento está fadado ao fracasso.

Retomando o motivo inicial: quando dizemos, por exemplo, "estou triste", não entendemos isso apenas como um estado de ânimo que nos acomete. Podemos, antes, transformar esse estado de ânimo num motivo consciente e livremente constituído de nosso agir. Só assim pode haver o "trabalho de luto", isto é, o entristecimento como ação responsável.

Sendo assim, a pergunta "o quanto realmente sou livre?" na verdade não está formulada de maneira precisa, porque ela parte do pressuposto de que haja certa medida de liberdade, limitada é certo, mas que possui determinado alcance. A liberdade, no entanto, não consiste num espaço vago no nosso eu, e sim justamente na capacidade de concentração do nosso eu, de que nos valemos para lidar com os espaços de manobra, as pulsões e os conflitos em nosso eu. Assim, a pergunta que faz mais sentido é propriamente: "Realmente sou livre?", porque ela nos ajuda a depurar os nossos motivos ou motivações e ser inteiramente nós mesmos naquilo que queremos e fazemos.

4. Motivações e comprovações

Certa vez tive uma controvérsia com a embrióloga britânica Anne McLaren sobre qual teria sido o momento em que teve início a nossa vida humana. Defendi a opinião de que meu próprio início se teria dado no momento em que se efetivou a fecundação do óvulo pelo espermatozóide, que estaria situado, portanto, no embrião que procura obter acesso ao útero. A minha interlocutora era de opinião que seu início se teria dado quando, após o período de nidificação no útero, o embrião se desprendeu da placenta. Nós apresentamos diferentes comprovações para as nossas opiniões, mas permanecemos resistentes à comprovação apresentada pelo outro. Para mim, a existência humana é indivisível desde o início e não pode ser definida a partir de um estágio do desenvolvimento. Para McLaren, em contrapartida, o momento decisivo está dado quando o início nada mais comporta além do eu que dele resulta. É evidente que, neste caso, o reconhecimento depende do peso que se dá ao argumento e não apenas do fato de este estar correto. Se houvesse uma terceira alternativa que englobasse os dois argumentos, poderia haver um acordo, o que não é o caso aqui.

Em vista disso, ao lado da comprovação, entra em jogo a motivação ou o motivo satisfatório: por que o meu argumento tem esse peso para mim? Também já falei aqui da *experiência de motivação*, na qual algo toma conta de mim de modo inescapável. Num diálogo em que se trata de um ponto controverso, mas em que de fato se está interessado na opinião do outro, gostaríamos de saber não só o argumento comprovador do outro, mas também a motivação que o leva a dar tanto peso a certo argumento. No meu caso, a motivação é lidar com o ser vivo humano de modo fundamentalmente cuidadoso, para ter certeza de que não estamos matando; no outro caso, a motivação é aproveitar as chances que a ciência investigativa proporciona, ao colocar sobre o início do ser vivo humano o ônus da prova de que realmente já está dada uma individualidade indivisível.

Podem ocorrer diálogos parecidos quando se trata de convicções importantes. Não se pode provar objetivamente o amor. Não se pode tornar Deus existente por meio de argumentos. É controvertido o quanto a religião pode imiscuir-se na política. Facilmente poderíamos imaginar um diálogo sobre a constituição européia em que um dos interlocutores gostaria de introduzir Deus, mas o outro preferiria consolidar as estruturas fundamentais da política sem a religião. Esses diálogos freqüentemente se dão conforme o seguinte padrão: não sendo possível invalidar os argumentos da outra parte, confere-se a eles um peso diferenciado. Por exemplo, nos meses em que estou escrevendo este livro, ouve-se com freqüência, por exemplo, que casais brigam a respeito do véu islâmico: os homens são pela tolerância, as mulheres são contra um símbolo de opressão. Pelo visto, um entendimento quanto a esse ponto é favorecido quando se esclarecem em conjunto os diferentes motivos a partir dos quais se dá um peso diferenciado aos diferentes argumentos, cujo reconhecimento não é impedido por nada. O reconhecimento dos argumentos é recíproco, mas o que lhes dá outro peso é o motivo. Ou então: a experiência da motivação é a chave para o convencimento.

Na medida em que queremos viver numa sociedade libertária, a liberdade constitui concomitantemente uma motivação e um alvo do nosso agir. Porque, por um lado, temos um motivo realmente humano: decidir e agir por liberdade. Por outro lado, temos um alvo realmente humano: preservar e desenvolver nossa liberdade. Uma ação livre não nos pode levar a obrigatoriedades e ausência de alternativas: o seu resultado deve contribuir para que continuemos a ser livres. Liberdade quer liberdade. Nesses termos, liberdade também é um comprometimento; ela não é simplesmente "liberal" no sentido de que minha escolha é indiferente em relação a normas e valores: posso fazer o que quiser, e não me importo se no final ou no resultado houver algo a criticar.

Esse mal-entendido da liberdade como um motivo que também pode levar à perda da liberdade e à dependência torna-se claro mediante o seguinte exemplo: pessoas tomam drogas, embora saibam que se tornarão dependentes delas, ou seja, que esse caminho as levará à perda da liberdade. Em contrapartida, a pessoa capaz de agir procurará direcionar a sua ação de tal modo que continue sendo capaz de agir.

O fato de uma ação falar por si só ao mesmo tempo em que inclui outros é o que perfaz a capacidade para a autonomia. A autonomia como autocomprometimento livre significa pensar simultaneamente por si mesmo e por outros: quero aquilo que é satisfatório não só para mim, mas de modo geral para todos. Desse modo, abro-me não só para ponderações internas, mas também para discursos conjuntos, não impositivos, nos quais são abordados o motivo da liberdade e as conseqüências da liberdade, sem que um imponha ao outro o seu poder.

A motivação e a comprovação da liberdade podem ser concebidas também como "capacidade de ação". Esse motivo e esse alvo não estão em contradição com a dependência humana de outros seres humanos, por exemplo, em comunhões de vida livremente adotadas ou livremente escolhidas. Porque esse vínculo pode ser experimentado também como fonte de intensificação da capacidade de agir. Muitas vezes, ele é justamente o critério para constatar se o "tornar-me eu mesmo" e a comunhão com outros são compatíveis um com o outro, sim, até mesmo se são mutuamente produtivos.

Agora, esse motivo fundamental ainda não constitui uma comprovação de que o meu agir seja correto.

Meu motivo ainda não assegura que a coisa certa esteja sendo feita. O motivo determina a minha intenção, a minha "mentalidade". É verdade que a "responsabilidade" não pode ser separada, mas deve ser distinguida dele: responsabilidade sem mentalidade é vazia, mentalidade sem responsabilidade é cega. Porque a responsabilidade complementa o motivo com o reconhecimento dos contextos em que ele deve tornar-se real.

O motivo por si só ainda não comporta uma análise da realidade, na qual está inserida a ação. Nessa realidade atuam forças que transformam as nossas boas intenções em instrumentos e usam nossas ações. Portanto, se as ações têm conseqüências que não estavam em sua intenção, o melhor se torna inimigo do bom etc. Já abordamos isso em relação ao conceito da responsabilidade. Agir corretamente não é, portanto, apenas uma questão atinente às boas raízes e boas intenções de nosso agir, ainda que essa questão não deva ser esquecida, porque renunciar a ela seria renunciar à concentração específica e livre e, em decorrência, ética do ser humano. O controle – se o nosso agir é correto ou não – é um controle referente àquilo que esse agir ocasiona, ou seja, às suas conseqüências. Sendo que também as conseqüências carecem de um critério de avaliação, para que possamos saber se elas são boas ou ruins, aceitáveis ou inaceitáveis.

Antes de passarmos a nos ocupar com a questão da ponderação própria do bem e do correto, temos de perguntar como se argumenta nos discursos morais. Existe um nexo entre o conteúdo da decisão própria, que naturalmente recorre a essa argumentação, e a argumentação intersubjetiva. No entanto, temos de contemplar diferenciadamente os dois aspectos.

5. Argumentar em termos morais

Havíamos iniciado a seção anterior com um relance sobre o diálogo moral, mostrando que os argumentos, as comprovações, não são tudo. Mas sem elas a ética não é nada. Porque não é possível recolher-se às motivações e poupar-se das comprovações. Também na era do pluralismo temos muitas razões para buscar um entendimento argumentativo sobre pontos de vista morais, cotejá-los e tirar proveito de sua convergência. Isto é válido sobretudo quando é preciso estabelecer regras para a comunhão ou leis para a sociedade. Numa sociedade democrática, o poder moral se restringe à educação, que com esse poder experimenta simultaneamente a arte de sua derivação adicional do monopólio legal de poder do Estado e da influência que as forças livres e livremente eleitas podem exercer, visando possibilitar a autonomia.

Por fim, ainda há o poder da razão, que se nutre da arte da argumentação e do uso de argumentos plausíveis. Esse "poder", no entanto, não é violento, já que ele só consegue modificar duradouramente uma convicção quando, a partir da razão, também resulta a vontade própria, autônoma, de mudança.

A argumentação moral deve ser submetida a exigências de ordem moral e lógica. As exigências morais podem ser mais bem sintetizadas com o termo *fairness* [procedimento justo, "jogo limpo"]. A *fairness* da argumentação é alcançada pela exposição franca dos interesses, pela transparência no procedimento, pelo discernimento das circunstâncias, pela renúncia a artimanhas e truques, e pela disposição de referir e descrever os argumentos do outro de tal maneira que ele se reconheça neles. Todos fazemos uma idéia do que é uma discussão objetiva e que respeita as pessoas que dela participam. Essa idéia freqüentemente se nutre da experiência de contraste em que as discussões concretas não decorrem dessa forma. Precisamos apenas sintonizar a televisão nos *talk shows* políticos para constatar que neles o "fair" não tem a preferência.

Mas também a quebra das regras de argumentação limpa nos propicia a consciência da necessidade de, por ocasião da corroboração pública dos nossos próprios argumentos morais, aplicar ao método de apresentá-los as mesmas regras que consideramos corretas para considerar esses argumentos moralmente relevantes. A correspondência entre os valores morais no argumento e a avaliação moral do argumento consiste no poder moral justo: o poder da integridade moral pessoal. Todavia, a confiança conquistada com ela pode ser rapidamente desperdiçada pelo relaxamento da exigência, sobretudo quando este é aplicado em função de uma manobra duvidosa.

Ao lado da exigência moral que se coloca à argumentação moral, torna-se importante a exigência lógica. Vale dizer que é preciso preservar a peculiaridade da lógica da moral: ela tem a ver com o que devemos, não com o que de fato é. A força normativa do factual não constitui um argumento moral. Aquilo que é não comprovou que deve ser assim. Se com o "é" também estivesse comprovado o "deve-ser", não necessitaríamos de uma ética como meditação sobre moral – poderíamos tranqüilamente confiá-la às ciências empíricas. Estas também são relevantes para a moral, porque para saber o que se deve é necessário saber qual é o fato, senão a norma moral permanece recolhida à torre de marfim das idéias.

Mas tampouco faria sentido julgar os argumentos morais em vista de onde eles vêm e de quem os apresenta. A validade ou não-validade de um argumento não pode ser deduzida de seu surgimento. A tendência de derrubar um argumento mediante a difamação do adversário faz parte das experiências que descrevemos entre os processos "imorais" de aprendizagem. Ela tem algo a ver com poder e imposição, mas não com competência moral.

Isso continua em que tampouco se deveria deduzir a validade de um argumento dos motivos que se supõe por trás dele. Colocar motivos sob suspeita até é muito comum (e freqüentemente também é acertado), mas do fato de os motivos serem bons ou maus não se pode concluir que o argumento usado seja logicamente correto ou não. Quando se faz isso, incorre-se num sofisma. (Denomino-o de sofisma motivacional.) Retomando o exemplo apresentado no início da seção anterior: o argumento de que sou um ser humano desde que ocorreu a união entre óvulo e espermatozóide não tem sua comprovação prejudicada pelo meu motivo de querer proteger a vida. Pois eu poderia apresentar também razões como: que as minhas qualidades e defeitos, geneticamente condicionados, já estavam presentes no embrião antes da nidificação no útero. O motivo apenas determina que argumento se prefere usar e qual o peso que lhe é dado. Porém, ele não esclarece se um argumento é falso ou não. A motivação, como já expusemos, deve ser diferenciada da comprovação. Isso não faz com que ele perca importância: pode haver também uma troca e um diálogo sobre motivações, que são igualmente importantes. Todavia, essa troca acontece quando uma parte conta à outra que razões a levam a ter acesso especialmente a esses argumentos. Isso, porém, não torna os argumentos nem corretos nem falsos. Desse modo, desmascara-se a tão apreciada discriminação de um argumento com base nos motivos supostos ou na suspeita em relação à sua origem.

A discriminação de um argumento com base em sua origem ("gênese") é denominada por nós de sofisma genético. Napoleão criou um código de leis que representou um marco da liberdade burguesa. Mas Napoleão era um tirano. Portanto, o seu código de leis não presta para nada. Esse tipo de sofisma é freqüente no diálogo em andamento. Do argumento se passa para a competência de quem o apresenta. Ao desfazer esta, pensamos ter refutado o argumento ("Você não tem nenhuma noção disso").

Já indicamos (cf. capítulo I, 2) que o fim não justifica os meios. O costume de justificar métodos execráveis com fins sublimes é tão antigo quanto a cultura escrita. Esse problema também se apresenta quando, em vista da sublimidade de um fim ou valor, a urgência de outro fim ou valor é ignorada, que talvez até nem tivesse tanta relevância se não se estivesse diante do problema de que sem ele não há como avançar. Assim, os fins dos direitos humanos com certeza têm maior peso do que os fins e valores econômicos, mas é possível que o trajeto pelo econômico seja o caminho mais urgente para chegar a fins mais elevados, mais do que a denúncia abstrata da carência dos direitos humanos, que torna a situação ainda mais grave. Muitas vezes é justamente a aliança entre fins sublimes (por exemplo, a abolição da escravidão) e uma nova economia (por exemplo, a cultura industrial) que permite alcançar o fim moral que antes se julgava inalcançável.

Certamente se deve tratar essas idéias com ponderação, isto é, com bom senso moral, para que elas não nos arrastem para um pântano malcheiroso, no qual só se vê mais a urgência de superar os baixios e o fedor. Quem afundou até o pescoço na lama não consegue mais vislumbrar a sublimidade do mais elevado. Pode-se ter certa compreensão para isso, mas não em demasia. A grandiosidade da visão é tão importante quanto a urgência da estratégia (cf. capítulo VI).

Recapitulando os sofismas e os erros: há o sofisma empírico que deduz o "deve-ser" do "é", o sofisma genético que deduz do "de-onde" se um argumento é correto ou falso, o sofisma motivacional que da motivação deduz a correção da comprovação, o sofisma que da sublimidade de um valor deduz sua urgência (inversamente, confundir a urgência com a sublimidade de um valor seria problemático) e, por fim, o sofisma que conclui que não é necessário aplicar aos meios os mesmos critérios que aos fins.

Indo além disso, pode-se usar também aquilo que é moralmente desejável para apresentar a realidade de tal modo que ela se adapte a esse desejo. Por exemplo, é moralmente desejável que nenhum médico mate um paciente. Assim, se ele extirpar um órgão vital, o paciente necessariamente estará morto. A morte então tem de entrar em cena quando se necessita dela? Por outro lado, porém, de fato se dá a situação em que o médico mata: no caso do assim chamado "fetocídio", um feto é morto no útero para possibilitar uma interrupção, porque caso contrário resultaria num nascimento; ou também se trata de matar no caso da redução de embriões no útero por causa de uma gravidez múltipla, por exemplo, como resultado de uma fertilização *in vitro*

PRINCÍPIOS ADEQUADOS, ARGUMENTAÇÃO CORRETA, DECISÕES SÁBIAS

bem-sucedida demais. É de se perguntar em que medida é moralmente coerente, num caso, conferir um valor tão elevado à proibição de matar e, no outro, dar tão pouco valor a ela.

Contradições na valoração não são raras na argumentação moral, já que elas já estão *de facto* estabelecidas. O mundo factual não é o mundo da lógica moral. Um mundo fictício tampouco deveria constituir a força normativa que decide tudo.

Tampouco se pode esperar que as nossas situações legais factuais sejam unitárias e coerentes na sua lógica moral. Correspondentemente, deveríamos tentar construir essa coerência *a posteriori*, partindo dessa situação, em vez de corrigi-la naquele ponto em que pela primeira vez aparecem valorações contraditórias ou uma contradição a princípios constitucionais. Se corrigirmos a contradição de valoração em detrimento dos valores até agora afirmados, agimos como alguém que diz: quem afirma A também tem de afirmar B! Desse modo se tira de circulação a pergunta se A é correto. Este é o melhor método de acabar no caminho tortuoso.

A argumentação moral ajuda a avançar quando se trata de lidar com desafios e soluções comuns a todos. Ela corresponde ao discurso social justo e franco. Porém, algumas questões morais devem ser resolvidas em nós mesmos. Temos de nos decidir. Temos de julgar de caso para caso, dependendo das circunstâncias, conforme a situação e conforme a noção que se tem dele.

6. O que é propriamente correto? Casuística, ética situacional, decisão moral

Na estação do metrô em Berlim, um jovem senhor vende bilhetes de passagem já usados, mas que ainda possuem validade. Ele recebe esses bilhetes de presente de passageiros que ainda poderiam utilizá-los por determinado tempo, para determinada distância e com direito a certo número de baldeações, mas que não se valem disso. Ele vende por um euro os bilhetes que originalmente custaram 2,20 euros, mas que para ele saíram de graça. Algo similar se pode observar também em outras cidades, nas estações do metrô e do trem.

Você daria o seu bilhete para esse senhor em vez de jogá-lo no lixo? Você procuraria economizar 1,20 euros, comprando o bilhete desse senhor?

Supostamente muitos passageiros não estão informados da situação legal. Caso venham a se informar, ficarão sabendo que esse tipo de bilhete é intransferível. Portanto, quem faz negócio com ele, desta ou daquela maneira, está sujeito à sanção legal. Agora, pode-se refletir de diversas maneiras sobre isso e tentar encontrar uma posição fundamentada:

A talvez diga que por princípio não faz nada que seja ilegal e, por essa razão, não compraria o bilhete, não faria uso dessa vantagem para si e não proporcionaria ao jovem senhor o seu ganho. Com isso, o assunto para ele está encerrado. As leis estão aí para serem cumpridas. Ainda se poderia perguntar se o seu motivo é o medo das sanções externas ou a convicção moral interna.

B talvez diga que, nesse caso, trata-se de uma bagatela. Seria algo como se o semáforo, num cruzamento sem movimento algum, mostrasse "amarelo" – nesse caso se atravessa. É verdade que, de modo geral, as leis devem ser cumpridas, mas uma andorinha só ainda não faz verão e um pequeno desvio ainda não constitui uma quebra da lei e da ordem.

C talvez pense que tudo depende das circunstâncias e de, por exemplo, se o jovem senhor é simpático ou provoque compaixão. Afinal, nós agimos espontaneamente, com base no sentimento, e não é necessário fazer um cálculo moral de tudo.

Sobre isso se pode iniciar uma discussão. No entanto, B e C certamente admitiriam que, no caso de sermos flagrados, teríamos de pagar por isso. Entretanto, nem tudo o que é contrário à ordem seria também contrário à moral pessoal.

Nesse caso, de fato é preciso admitir uma gama de posicionamentos, enquanto não se mexer na opção pelo cumprimento das leis. Contudo, o caminho até lá possivelmente é pavimentado com muitas pequenas decisões que, tomadas isoladamente, parecem moralmente toleráveis, mas que, quando acumuladas, desacreditam uma disposição positiva frente à lei.

Podemos introduzir aqui outras histórias. O eticista situacional norte-americano Fletcher conta a história do homem que, ao anoitecer, leva seu cachorro para passear e a quem sua esposa entrega uma carta urgente para que ele a deposite na caixa do correio. O homem sai a passear, perde-se em seus pensamentos e esquece a carta. Ao chegar à porta da casa, a esposa o recebe com a pergunta se ele depositou a carta na caixa do correio. Ele responde "sim", na firme resolução de depositar a carta na manhã seguinte no caminho para o trabalho ou talvez de sair mais uma vez com o cachorro, para comprar cigarros ou algo parecido. Com isso ele evita uma cena doméstica (caso contrário, ele poderia ter admitido seu esquecimento). O amor, opina aqui Fletcher, o eticista situacional, seria mais importante que a pura verdade. Ora, trata-se de uma posição que pode ser verificada, por exemplo, em relação à questão, se devemos dizer a verdade a doentes terminais. Muitas vezes será necessário perguntar-se pelas conseqüências disso: caso se torne um hábito recorrer à mentira emergencial, à meia-verdade, ao silenciar sobre a verdade indagada, a solução dada a um problema isolado se transforma em postura. Os eticistas situacionais não levam em conta os maus hábitos e gostam de ignorar, como no exemplo da carta, que algo já está mal quando numa relação não se corre mais o risco de dizer a verdade.

Em todo caso, não basta julgar e decidir a partir do caso isolado ("casuisticamente", do latim "casus": caso), da situação e do improviso. E, no entanto, faz sentido não submeter o caso isolado sem mais nem menos à regra. Não podemos fazer isso nem mesmo nos casos extremos de nossas gramáticas – as exceções confirmam a regra. Contudo, dizendo-o uma vez mais em tom de advertência, não se pode fazer da exceção uma regra. Um auto-exame honesto logo mostrará com clareza se bebemos apenas ocasionalmente por uma boa razão ou se já somos alcoólicos.

Algumas questões morais de fato são difíceis de responder, como, por exemplo, a pergunta pela verdade em situações extremas, da qual já tratamos (cf. capítulo II, 4). Nesse caso, torna-se evidente que necessitamos de espaços para tomar decisões que não são totalmente prejulgadas por regras, mas que não poderíamos tomar sem ter conhecimento dessas regras.

Outro exemplo extraído do cotidiano pode esclarecer esse dado: numa família, todos, um após o outro, contraem gripe. A pergunta que se coloca é como lidar com essa gripe contagiosa. Naturalmente não se pretende espalhar o vírus. Mas, se ele não forçar a pessoa a ficar presa à cama, que possivelmente seria o lugar que, por razões médicas sensatas, deveria ocupar, continuam valendo as tarefas que ela se propôs ou que outros esperam que ela cumpra. Antigamente isso fazia com que as donas de casa ativas, de cujo papel central na família tudo dependia, jamais passavam um dia na cama. Para que isso acontecesse, era necessário interná-las numa clínica.

Mas se como professora tenho de ir à escola, como cientista preciso comparecer a uma palestra, pegar o vôo para uma conferência importante... Logo se interpõe a pergunta: devo arriscar-me a, dependendo das circunstâncias, prejudicar a mim mesmo e ainda por cima contagiar outros, na sala, no trem, no avião, ou devo assumir esse risco para dar conta de uma tarefa da qual estou convencido de que ela é importante para outras pessoas? Nesse exemplo se vê claramente que não há uma resposta abrangente para isso, mas que é necessário dominar a arte da ponderação.

O problema, no entanto, consiste em que posteriormente se pode chegar à conclusão de que o resultado de uma ponderação foi errado, porque aconteceu algo que antes não se havia planejado daquela forma ou cujo efeito não se havia cogitado. Todas as pessoas conhecem situações como essa. Elas produzem irritação e consciência pesada. O que pode ser feito a respeito disso? Parece plausível que nos sintamos desculpados quando se pôde previamente alegar boas razões que, após a racionalização das alternativas, levaram à prioridade que pautou a nossa ação. Ter-se enganado não constitui uma culpa subjetiva, ainda que, dependendo das circunstâncias, constitua um ato falho objetivo. Contudo, culpa e falha no julgamento não são idênticos.

Por essa razão, é suficiente agir de acordo com o melhor de nossa ciência e consciência e reconciliar-se com o seu próprio ser finito e passível de errar (cf. capítulo VII).

7. Fantasia – saída para dilemas morais

O trabalho mais importante de uma firma de construção subterrânea consiste no rebaixamento do lençol freático em função de áreas residenciais e centros comerciais. Como, por razões ecológicas, as autorizações para o rebaixamento das águas subterrâneas tornam-se cada vez mais raras, procuram-se encargos no exterior. Um xeque no deserto se manifesta e solicita um rebaixamento do lençol freático de sua área residencial. Um encargo desses obviamente não faz o menor sentido. Dificilmente se poderá encontrar um motivo para isso, exceto a idéia absurda de experimentar as últimas conquistas tecnológicas nesse campo. É correto aceitar um encargo absurdo como esse porque ele assegura renda, produtividade e postos de trabalho?

A saída para isso é evidente: essa firma também trabalha com a elevação do lençol freático – esta seria, então, a oferta que o xeque deve considerar plausível. Poder-se-ia pensar que esse exemplo tenha sido inventado. Mas eu o escutei da própria firma.

Portanto, muitas vezes depende muito de se ter a idéia luminosa que indica a saída do dilema. Ela nem sempre é tão óbvia. Para isso se precisa da fantasia e deveria exercitá-la. Fala-se também do pensamento "lateral", quando se trata de não utilizar meramente as trilhas batidas, mas explorar vias laterais, desvios e atalhos. Há talentos e competências que estão associadas diretamente à moral, mas que podem ser muito úteis a ela. A imaginação fértil está entre eles: por exemplo, levar alguém a não fazer a pergunta que não se gostaria muito de responder, mas que dificilmente se poderia deixar de responder. A imaginação fértil poupa de verdades incômodas e mentiras desagradáveis. A fantasia auxilia o bom senso moral da mesma forma que a clareza de idéias. A velha virtude do bom senso entra em ação nesse ponto. Por se tratar da capacidade de olhar não só para frente e para trás, fala-se também de circunspecção. O circunspecto não aceita pôr antolhos e é sensível a contextos, tons sutis e matizamentos.

Sobre isso, uma história da época das prisões por dívida:

Um comerciante deve uma grande soma a um agiota. Este ameaça lançá-lo na prisão se ele não lhe der a sua bela filha por esposa. Esta se encontra no grande dilema de querer ajudar seu pai, mas não deseja casar-se com o agiota. Durante a negociação, os três caminham juntos por um caminho do parque coberto com seixos brancos e negros. O agiota se abaixa, pega duas pedras, uma em cada mão e propõe que a moça escolha uma das mãos: se nela estivesse a pedra branca, o pai estaria livre da dívida e ela solteira, mas se fosse a pedra negra, ela teria de se casar com ele. A moça, que a necessidade havia tornado perspicaz, viu que o agiota havia ajuntado duas pedras negras. Revelar a artimanha de pouco adiantaria e apenas restabeleceria a pressão inicial. Assim, a moça escolhe uma pedra e, ao se fazer de desajeitada, deixa a pedra cair no chão. Não faz mal, diz ela então, pela cor da pedra na outra mão se pode facilmente verificar qual era a cor da minha.[10]

---

[10] Cf. E. de Bono. *Das spielerische Denken*. Bern/München, 1968, p. 9s. E sobre isso: D. Mieth / I. Mieth. "Vorbild oder Modell. Geschichten und Überlegungen zur narrativen Ethik", in: Dietmar Mieth (Ed.). *Moral und Erfahrung I*. Freiburg Schw./Freiburg i. Br., 1999, p. 110-119.

A moça encontrou uma saída, fazendo o agiota cair na sua própria armadilha. Esse método para enfrentar violência e fraude é utilizado fisicamente no esporte, em que, como no judô e nos esportes similares, o ímpeto do ataque é aproveitado para fazer o adversário cair. Esta também é a escola da saída moral, quando se trata de obrigatoriedades que aparentemente nos deixam pouco espaço de manobra.

Essas obrigatoriedades são freqüentes numa sociedade quando os recursos se tornam escassos e não parece ser mais possível arcar com os serviços (sociais) necessários. O juízo racional procura então transformar os recursos escassos no critério para todas as regras. Os serviços têm de ser diminuídos. Apresentam-se, então, diversas possibilidades: todos receberão menos; somente poucos receberão o que necessitam; procura-se encontrar uma escala em cujo topo está o necessário para todos que possuem uma necessidade correspondente. Todos verão que essa priorização é a maneira mais criativa, mas também a maneira moral. Todavia, pode-se dar um passo além disso, refletindo por conta própria sobre o dilema. Isso significa que se tentará melhorar ou ampliar os recursos.

Se os recursos vêm de contribuições e um aumento de contribuições constituiria uma carga inadequada, deve-se recorrer, por exemplo, a uma prestação de serviços mais em conta, talvez se valendo de estagiários e cargos honorários. Ao mesmo tempo, é preciso tentar preservar o máximo de profissionalismo. Em certas circunstâncias, pode-se conseguir mediante um remanejamento local que a coletividade seja parcialmente isentada de despesas maiores. A arte da distribuição de recursos limitados constitui uma tarefa criativa, mas também inteligente, para lidar com dilemas que, caso contrário, levariam a absurdos morais, como fazer da idade e não da perspectiva de êxito o critério para realizar terapias.

A fantasia é requerida de modo especial também onde o dilema consiste em encontrar o termo de compromisso correto, isto é, a realização parcial dos interesses próprios e justificados para duas ou mais partes. Porque neste caso se trata de uma troca: troca-se limitação por limitação, êxito parcial por êxito parcial. Assim, por exemplo, a negociação pode ser dada em torno da garantia de emprego por um lado e do risco da contratação assumido pelo empregador por outro lado. O desempregado estará mais disposto a correr o risco de uma garantia menor para que possa ser contratado. Aquele que já tem um emprego procurará garanti-lo da melhor forma possível. É claro que o pressuposto dessa troca igualmente deverá ser examinado: é justificado o desejo do empregador de ter maior facilidade para demitir empregados ou de diminuir o risco que corre a empresa através da flexibilização da contratação? Em vista da grande pressão exercida pela economia globalizada, isto é, neste caso sobretudo a pressão da desregulamentação, o espaço de manobra político muitas vezes não é maior do que o da moça frente ao agiota. Tanto mais se requer a ampliação dos espaços de manobra e soluções criativas que não se atêm aos caminhos já trilhados.

Porém, nem sempre se trata de solucionar um caso isolado. Muitas situações que vivenciamos e em que nos devemos afirmar ou modificar moralmente, não depende de nossas idéias luminosas, mas da estabilidade de nossas atitudes. Com essas atitudes, na ética também chamadas de virtudes, enfrentamos desafios de natureza similar de uma só maneira. Essas atitudes têm um grande alcance geral, e elas levam ao âmbito daquilo que consideramos óbvio, embora de modo algum seja sempre óbvio.

IV

MODELOS DO BEM-VIVER[1]

Quem se deixa interpelar eticamente, quer viver bem e corretamente: para si mesmo, nas suas relações e nos seus âmbitos de responsabilidade profissional e civil.

Estas opções podem ser distinguidas, mas muitas vezes não se pode separá-las uma da outra. Afinal, os caminhos da responsabilidade privada e pública se cruzam numa só pessoa. Por essa razão, essa pessoa pergunta por sua própria identidade moral no ponto de intersecção das exigências a que ela deve-se submeter, porque caso contrário ela teria muita dificuldade em rea-

---

[1] Cf. P. Ricoeur. "Über das Selbst als ein Anderer. Fragen und Antworten", in: A. Breitling, S. Orth, B. Schaaf (Eds.). *Das herausgeforderte Selbst*. Würzburg, 1999, p. 203-207; T. Laubach. *Lebensführung*. Frankfurt/M., 1999; Id. (Ed.). *Ethik und Identität*. Tübingen/Basel, 1998; H. Haker. *Moralische Identität*. Tübingen, 1999; A. van Harskamp, A. W. Musschenga (Eds.). *The Many Faces of Individualism*. Leuven, Paris, 2001.

lizar seus objetivos de vida, quaisquer que sejam eles. Essa identidade moral se desdobra em atitudes que determinam a nossa disposição de modo compromissivo, isto é, em virtudes, em formas da arte de viver e na busca pelos caminhos específicos que levam a que a própria vida possa ser exitosa e feliz.

1. Virtudes: disposições comprometidas com o bem-viver[2]

Quanto mais a pergunta pelo bem-viver parece estar sendo compensada pela produção técnica de bens, tanto menos parece necessária uma iniciativa moral para encontrar a nossa própria felicidade. A confiança no progresso, na possibilidade de planejar a satisfação de desejos, na potencialidade do crescimento econômico, parece antes paralisar essas iniciativas. Mas quando essa confiança é abalada, a pergunta pela contribuição moral própria para que a vida humana seja bem-sucedida brota novamente.

Essa questão vem ao encontro da busca por orientação a respeito dos melhores caminhos para a nossa própria vida.

---

[2] Cf. A. MACINTYRE. *Der Verlust der Tugend ("After Virtue")*. Frankfurt/M., 1987; D. MIETH. *Die neuen Tugenden. Ein ethischer Entwurf*. Düsseldorf, 1984. Em contraposição a H. KRÄMER. *Integrative Ethik*. Frankfurt/M., 1992, defendo a opinião de que não se pode primeiro separar o ético-individual do moral-social para em seguida associar a doutrina das virtudes à moral social. Embora a virtude também possua perfeitamente o caráter do modelo social, ela se situa antes no espaço da propriedade individual na busca pelo bem-viver.

MODELOS DO BEM-VIVER

As pessoas precisam de "imagens comportamentais" (Ernst Bloch), para poderem orientar-se nelas. Não se trata simplesmente de modelos a serem imitados tal e qual. Isso também não se dá por comando. Nós mesmos devemos poder desenvolver tais disposições, do mesmo modo que escolhemos pelo que queremos engajar-nos e como queremos ser. Por essa razão, imagens comportamentais não são decalques, mas indicadores que incentivam a encontrar o próprio caminho em discussão produtiva e construtiva com os modelos do bem-viver.

No que se refere a essas imagens comportamentais ou disposições compromissivas em relação ao bem-viver existe uma tradição, a tradição das doutrinas da virtude. Porque elas ganham corpo não só em biografias, mas também em histórias sociais, não só em vultos isolados, mas também em sociedades. As virtudes não são apenas forças motrizes internas ao ser humano implicado, mas elas também liberam a sua força de atração a partir da pressão social com que são comunicadas. Elas não são facultativas na história. Por essa razão, elas se consolidam em um conjunto de atitudes que fazem parte uma da outra e atuam juntas. Esse conjunto é transmitido por educação. As ideologias, religiões e doutrinas morais trabalham para impregnar o cotidiano com elas e assim dominar situações de estresse. Muitas vezes é importante saber de onde elas procedem, quem as refere e o que se objetiva com elas. Isso quer dizer que se deve lidar criticamente com imagens comportamentais e poder desentender-se com outros sobre elas.

A tradição fala de "virtudes cardeais" (de "cardo", dobradiça), isto é, da prudência, justiça, fortaleza (coragem) e temperança (comedimento, moderação) como suas formas básicas decisivas. Ela tem à sua disposição diversas interpretações para elas. Pois até hoje continua controvertido o que de fato é ser prudente, o que de fato é ser justo, forte (corajoso) e temperado (comedido). Mas a opinião geral era que essa discussão vale a pena. De Tomás de Aquino até Immanuel Kant falou-se das virtudes como um sistema de classificação daquilo que é moral bom e correto. Tomás tinha em mente hábitos morais exercitados; Kant se referia a noções dos deveres fundamentais.

O sistema das virtudes cardeais era tido como um sistema geral de humanidade. Esse sistema pode ser traduzido para a nossa época: já falamos da prudência prática, por exemplo, como junção de noção intelectual, visão de conjunto e circunspecção. No momento atual, a justiça experimentou um verdadeiro *boom* na literatura filosófica como tema da organização correta do Estado, da comunidade dos povos, mas também da prestação de serviços na área social e das estratégias de distribuição. A fortaleza (coragem) encetou no século passado uma nova carreira como coragem de defender publicamente sua opinião (*civil courage*). E os políticos gostam de mencionar a "medida a olho"[3] com que devem tomar suas decisões. Neste caso, a importância da vida temperada

---

[3] N. T. O termo *Augenmaß* faz referência à virtude da temperança, *Maß* (medida, comedimento).

(moderada), sobretudo no âmbito das necessidades, dos desejos e das paixões, deslocou-se para o equilíbrio que é aconselhável encontrar entre diversos extremos.

Paralelamente havia sistemas de virtudes que ganharam forma com base em encargos especiais para assim chamados estamentos: o sistema de virtudes da cavalaria (honradez, comedimento, generosidade, fidelidade), o sistema de virtudes burguês (produção, prestígio, retidão, confiabilidade), o *éthos* do trabalhador (especialmente a solidariedade), virtudes especificamente cristãs: fé, amor e esperança.[4]

O aspecto individual das virtudes, isto é, as ênfases que decido ter e viver para mim mesmo, é constantemente influenciado por imagens comportamentais préformadas socialmente. Há cinqüenta anos, eram consideradas virtudes de alunos – lembro-me bem – "decência, ordem e asseio". Supõe-se que hoje os pedagogos escolheriam outros padrões. Uma sugestão nesse tocante seria "autonomia, capacidade de cooperação e capacidade de lidar com conflitos", porque a sociedade precisa de pessoas autodeterminadas, que cooperam umas com as outras e capazes de superar conflitos.

Porém, as virtudes que o indivíduo elege para a sua vida devem ser, apesar de toda a mediação social, da alçada do indivíduo. Mas também o direito e as leis devem ser elaborados de modo prudente, justo, corajoso e tem-

---

[4] Cf. M. Ossowska. *Gesellschaft und Moral*. Düsseldorf, 1971.

perado. É por isso que as virtudes se constituem também em pontes entre o individual e o social. Em vista disso, o teórico da justiça John Rawls chama a justiça de "uma virtude das instituições sociais". Também os "valores" que assumimos e exaltamos não dizem respeito apenas à nossa conduta pessoal, mas também à vida social. Os valores reconhecidos de modo geral devem proporcionar para as leis que fazemos o contexto vivencial das pessoas. Sem essa ancoragem, elas até têm validade, mas não vigoram; as pessoas as evitam sempre que possível.

As virtudes necessitam ser renovadas periodicamente. Nas virtudes cardeais está contido tudo o que colocaríamos no centro, tendo em vista os pressupostos atuais? Não basta que as compreendamos de maneira nova; devemos igualmente complementá-las: por exemplo, com a disposição para a paz, com a capacidade de empatia com o sofrimento dos outros (*compassion* [compaixão]) e com estabilidade no trato do sistema ecológico. *Compassion* deve ser entendida aqui no sentido de solidariedade com os desfavorecidos, sofredores (e também com os culpados!) (cf. capítulo VI, 3). Ela não pode ser despachada como uma "questão de sentimento" ("compadecimento, dó" neste sentido). Estamos falando da solidariedade e de uma sociedade solidária – poderíamos chegar lá sem o concurso de imagens comportamentais que vêem o ser humano dentro de um forte vínculo social e de uma intensa responsabilidade pelos outros?

As virtudes não são normas, mesmo que as normas possam vingar especialmente bem no chão das disposições morais. Os valores expressos nas imagens comportamentais ou nas virtudes ou nos modelos do bem-viver constituem o chão fértil que nutre as leis da sociedade: é nesse chão que elas surgem, é nele que vingam e, quando se exaurem esses valores, elas sucumbem.

Pode-se discutir sobre se as disposições compromissivas ou virtudes representam a ancoragem social da vida individual ou se elas podem constituir a nota individual dentro da engrenagem social. Eu diria que elas são as duas coisas. Não existe nenhum estilo de vida moral individual, nenhuma identidade moral própria, que não esteja entrelaçada com outros padrões. Por outro lado, existem formas perfeitamente autênticas e originais de desenvolver a moral individual. Pois não se pode colocar a ênfase simultaneamente em todas as virtudes plausíveis. A aptidão também constitui um fator relevante. Outro fator relevante é, ao mesmo tempo, saber quais são os traços da própria aptidão que se gostaria de modificar.

Como as virtudes são um terreno aberto, que não pode ser plenamente refletido por nenhum sistema de virtudes, o indivíduo pode tentar achar o seu perfil individual naquilo que lhe é especialmente importante e que deve constituir a sua identidade. Pois, como, do outro lado, os modelos de vida bons e corretos convergem um para o outro, não há por que temer alguma unilateralidade.

Um exemplo de perfil que pode ser, ao mesmo tempo, muito individual e ainda assim representar um elo de ligação entre as virtudes é o "andar de cabeça erguida": sustentar seus princípios mesmo quando se está sob pressão. Por essa razão, Josef Pieper certa vez caracterizou a fortaleza (coragem) como a postura de resistência daquele que tem menos poder.

Isso é válido também para a coragem de expressar publicamente sua opinião (*civil courage*). Certamente, existe também a rigidez mental que não dá ouvidos a ninguém, que sempre se considera superior e, por isso, não atenta para as opiniões dos outros. Mas existe também a flexibilidade e agilidade daquele que, como um gato, sempre cai em pé justamente naquele lugar em que acabou de se formar a plataforma para a maioria ou para o aparato de poder. O andar de cabeça erguida não produz aquela corcunda dupla que Paul Klee descreveu sob o título "Saúdam-se dois homens, cada um supondo o outro em posição superior". Esse andar comporta autorrespeito, mas não vaidade pessoal. Ele presta atenção na concepção do outro, mas não reprime a contestação a que o outro tem direito. Ele torna a pessoa "autêntica", no sentido de que entre suas palavras e suas ações não aparece nenhuma contradição.

Um perfil desse tipo necessita encontrar a sua medida, já que ele, como todas as virtudes, deve buscar o equilíbrio entre extremos. Ele precisa do senso de justiça, assim como da prudência. Estas duas virtudes são consideradas as mais elevadas pela tradição. A tradição cristã as complementou com o amor como configurador geral de todas as virtudes. Com base nas virtudes cardeais ampliadas e renovadas, pode-se demonstrar – Josef

Pieper fez isso na impressionante obra da sua vida sobre as virtudes – o quanto as virtudes estão interconectadas, de modo que, quando se procura nelas o perfil próprio, acolhe-se todas as demais em função desse perfil.

A busca pelo perfil próprio sempre consiste, ao mesmo tempo, na busca por imagens universalmente válidas do bom e do correto, que exerçam sobre mim alguma força de irradiação e de atração. Também podemos denominar essas imagens de "modelos", indicativos de atuação para o nosso perfil moral individual, que podem provocar uma compreensibilidade geral.

2. Modelos éticos em histórias

Quando falamos de "modelos", individualizamos a obrigatoriedade social geral do conjunto de imagens comportamentais, valores e virtudes, moldado pela cultura (por exemplo, "valores norte-americanos"). Isto quer dizer que procuramos a nota pessoal, insubstituível, que se fazia ouvir já no início dessas ponderações, porque existe uma diversidade de imagens comportamentais, valores, virtudes e similares. Ninguém consegue realizar todos da mesma forma e com a mesma intensidade. Se desejar ter modelos para minha vida em termos bem pessoais, tenho de fazer mais uma escolha. Essa escolha bem individual diz respeito aos indicativos de ação para a minha própria vida. Tenho de perguntar-me para o que sou apto, o que é da minha alçada e pelo que sou competente e em função do que arrisco e engajo a minha vida. Tenho de perguntar-me o que significa para mim o outro com quem convivo e que atitudes desejo também para ele e não só para mim mesmo. Tenho de encontrar o nível certo para o meu engajamento social. Tenho de saber quais são os meus limites e formar a minha consciência. Tudo isso não cai do céu, carece do meu esforço, e também da educação, do aconselhamento e do acompanhamento. Trata-se, em última análise, da minha "autonomia", do meu autocomprometimento em liberdade e da minha identidade moral, mas sem a ilusão de que vivo só para mim mesmo e que todos os demais são interessantes para mim apenas ocasional e perifericamente. Devo compreender-me como indivíduo e como ser de relação, e devo estar ciente de que sou determinado também pela minha corporalidade, e tenho de saber lidar com isso.

Os "modelos" habitam nas histórias que contamos uns para os outros e que encontramos também na literatura. O ato de narrar auxilia na concentração, intermediação e transmissão da experiência de vida. Também as narrativas literárias podem ajudar-nos a localizar e desvendar algumas noções eticamente relevantes. Estas representam ou um passo para a configuração de virtudes ou um passo para as possibilidades de aplicação dessas experiências de valor a problemas concretos da responsabilidade prática.

O ato de narrar é um processo que envolve o autor e o leitor de uma maneira bem específica. A minha própria história de sofrimento e compaixão pode ser, por exemplo, uma reconstrução da minha própria pessoa: salvo a minha vida ao "morrer" na história, seja escrevendo seja lendo. O ato de narrar pode ter um efeito terapêutico por meio da anamnese. A lembrança se esvai no ato de narrar e o sujeito que lembra fica livre.

Para que os narradores proporcionem noções eticamente relevantes sem prescrevê-las ou insinuá-las, eles necessitam de certa competência (capacidade de articulação, sensibilidade para experiência e metaforismo...). As correspondências entre estética e ética, entre forma e intenção, são úteis na transferência para o leitor ou a leitora, para que estes logo compreendam melhor a si próprios. O ato de narrar eticamente relevante não procura persuadir, sugerir algo, obter um êxito retórico ou promover uma doutrinação ideológica. Isto até pode também ser comprovadamente a intenção do ato narrativo em casos isolados (geralmente em prejuízo da sua qualidade).

O ato de narrar pode ser um "ofício artístico", uma forma cotidiana da comunicação – mas até mesmo neste caso o narrador ou a narradora deve tentar, conforme Horácio, tanto provocar alegria quanto se tornar útil. Quando a conversação não provoca alegria, tampouco traz proveito.

Quando o ato de narrar consiste em algo como uma "obra de arte retórica", então o desfrute artístico é a precondição para a atenção e o relaxamento.

Concebo o ato narrativo e a interpretação das possibilidades morais imanentes a ele como "ética narrativa".

Ela induz a refletir sobre o correto e o falso, sobre o bom e o mau de nosso agir, sobre a qualidade das pessoas e das instituições que temos.[5]

Trata-se, portanto:

– das noções eticamente relevantes (por seu caráter revelador e sua capacidade de transmitir algo, como, por exemplo, valores), que nos podem conduzir a noções de valor;

– das precondições em termos de experiência para a introdução de noções de valor em situações de conflito e para a formação de virtudes.

O desvendamento e a transmissão de valores e virtudes não ocorrem somente por meio de ordens e autoridades, mas também mediante a adaptação e a transferência dos fundamentos experimentais do saber ético e mediante a tradução de uma ocorrência narrativa em que o sujeito ouvinte é respeitado. O pai ordena, o avô narra e eu tenho certeza de que a criança dará ouvidos ao avô. Possivelmente esse tipo de mudança de paradigmas da tradição ética também foi importante para a atuação de Jesus. Jesus não dá ordens, mas coloca indicativos de ação, metáforas promissoras, e ele conta his-

---

[5] Cf. sobre a ética narrativa em termos gerais: R. Ammicht-Quinn. "Versuch über die Blindheit", in: A. Holderegger, J. P. Wils (Eds.). *Interdisziplinäre Ethik*. Freiburg, Wien, 2001; W. Haug. "Das Böse und die Moral. Erzählen unter dem Aspekt einer narrativen Ethik", in: *id., ibid.*, p. 243-268; D. Mieth (Ed.). *Erzählen und Moral*. Tübingen, 2000.

tórias. A famosa parábola do bom samaritano mostra a transformação de uma pergunta mais na linha casuística – "quem é o meu próximo?" – na pergunta mais relacionada com a experiência concreta – "para quem sou eu o próximo?". Não se dá uma resposta de validade geral em termos de um imperativo universalmente aplicável, mesmo quando se trata também de normas, como: "Não faça acepção de pessoas!" O resquício de subjetivismo advindo da experiência não é reprimido. Experiências novas e antigas talvez possam ser desvendadas. É verdade que elas não podem ser inteiramente verificadas pela via da argumentação, mas elas podem ser narradas e assim transmitidas por testemunhas.

As histórias sobre a nossa história freqüentemente são contadas com intenção prática. Continuidade histórica e envolvimento pessoal são os pressupostos para a transmissão de valores e virtudes. Essa continuidade não precisa ser conservadora e visar à manutenção do estado de coisas. Mas ela também pode ser isso no bom sentido. Pelo fato de com freqüência convivermos com conflitos históricos, vivemos simultaneamente em meio às tensões provocadas pelas diversas histórias que refletem esses conflitos. O ato de narrar aumenta a possibilidade de compreender os conflitos e a possibilidade de transformar vivências em experiências. Estas, então, são moralmente significativas, como já mostramos, como experiências de contraste (assim não dá!), como experiências de sentido (isto faz sentido para mim!) e como experiências motivacionais (isto indiscutivelmente tem a ver comigo!).

Na ética narrativa, revela-se o que costumamos designar de "ser do contra" ou de pensamento "lateral". Não se anda apenas por uma pista, mas por diversas ao mesmo tempo. Nesse processo fica evidente que há situações ou casos em que a solução não é oferecida pelas alternativas que parecem estar prescritas, mas, como já vimos, pelo pensamento "do contra" e pela fantasia. A ética narrativa oferece modelos para isso.

Um modelo ético representa:
- uma forma que chama a atenção para uma situação eticamente destacada, que nos motiva a refletir e a nos posicionar em relação a ela;
- uma experiência de contraste, isto é, uma experiência que torna evidente o contraste entre opção e realidade;
- o modelo é a designação breve para uma história ou para sua forma (como o referido samaritano). O modelo representa aquilo que não pode ser explicado unicamente por meio de conceitos e concepções sem se tornar irracional;
- um modelo está aberto para interpretações que se encontram em conflito uma com a outra;
- um modelo não é normativo, porque ele respeita a autonomia, a escolha e a decisão pessoais e porque ele não condena moralmente, mas oferece possibilidades de vida.

A ética narrativa tem predileção por um conceito de memória e de terapia da vida perturbada que franqueia, pela rememoração, o acesso às fontes soterradas. Contudo, esse conceito não está voltado contra os esforços da ética normativa no sentido de encontrar critérios para o agir bom e correto. Ele meramente reivindica uma função complementar necessária. As nossas convicções e motivações formam-se reflexivamente antes em vista de modelos do que de conceitos.

No mesmo sentido, falamos de um conceito para lidar com o sofrimento inexplicável e com os aspectos sombrios da vida. Por que existem, afinal, o maligno e o mal? Por que eles estão fora do alcance da nossa ação? Por que não podemos controlar as conseqüências da nossa ação? Apenas se podem apontar experiências fragmentárias, por exemplo, com a vida de fé, e uma atitude entre "resistência e submissão" (Dietrich Bonhoeffer) como possibilidades de resposta a essa pergunta. Ainda assim, uma resposta fragmentária está presente no ato de narrar como se lidou com essa questão: o modelo bíblico de Jó, que serviu de exemplo para muitas narrativas literárias.

O filósofo Paul Ricoeur formulou o conceito da "identidade narrativa", tanto no que se refere a comunidades quanto no que se refere a indivíduos.[6] O ato de narrar gera uma liberdade que advém do jogo de experi-

---

[6] Cf. sobre isto H. HAKER. *Moralische Identität*. Tübingen, 1999, p. 35ss.

mentos valorativos presente nas configurações do mesmo ato; essa liberdade, no entanto, simultaneamente tem consciência da obrigatoriedade inerente a ela de preservar e conferir forma a si mesma. Daí resulta a "obrigatoriedade do não-obrigatório", como demonstrou Richard Brinkmann com base em Theodor Fontane. Não podemos escapar dessa obrigatoriedade, porque nela se manifesta a nossa própria identidade moral e simultaneamente para os outros a sua própria possibilidade de identificação moral. Esse tipo de obrigatoriedade está presente especialmente em questões de relacionamento. Isto ficará claro quando nos ocuparmos a seguir com questões da ética relacional.

3. Enfim amar/amar finitamente[7] – a arte do relacionamento

Enfim amar – isto pode ser uma expressão do anseio de enfim encontrar a plenitude assegurada pelas experiências de estar cheio de amor para dar e de estar sendo amado. Um poço de amor, do qual se poderia beber infinitamente. Infinitamente? Em outro sentido, o "amar finitamente" representa a consciência da limitação de tudo o que é terreno no plano geral e do amor nos tempos pós-modernos no plano particular. "Não

---

[7] N. T. A expressão *endlich lieben* possui esses dois sentidos, que o autor explora no texto a seguir.

existe felicidade verdadeira cá embaixo – adeus, fiquei satisfeito", escreveu Friedrich Dürrenmatt num livro de hóspedes. A felicidade de vidro constitui um dos motivos preferidos dos poetas para descrever a fragilidade dos períodos áureos de nossa vida. Muitos recolhem os cacos para jogá-los fora ou colá-los novamente – neste caso, eles sentem as ranhuras.

A nossa vida está marcada pela finitude. Uma frase como esta pode ser pronunciada com derrotismo, nostalgia, acusação, amargura ou submissão piedosa. Desse modo, porém, deixaríamos de ver as chances que nos proporcionam justamente os limites de nosso tempo de vida e da nossa estatura de vida. Ademais, relegaríamos o assunto da "finitude", isto é, do saber sobre limitação e falibilidade, especialmente às pessoas mais idosas, embora as pessoas jovens também façam essa experiência e se atritam com ela.

Para isso existe, por exemplo, um termo novo na acelerada troca de palavras do nosso tempo: "quarter life crisis [crise do primeiro quarto da vida]". Diz-se que os que passaram dos vinte anos de idade estariam "logo esgotados de si mesmos" (Lars Jensen): o sentido por trás das coisas, a pergunta como vai ser daqui para frente, a sensação de que em toda parte é a mesma coisa, a vida curta da diversão na sociedade do divertimento, a fixação paradoxal, devido ao excesso de ofertas, na uniformidade dos próprios desejos, dos quais se fica cada vez mais dependente, ou a fixação na constante mudança dos desejos, o retorno do tédio dos neuróticos existenciais, o medo de fracassar diante das exigências arquitetadas como proposta por outros, por exemplo, pelos fazedores de formação, e o medo de passar pela peneira da sociedade marcada pela concorrência, a falta de atrito em vista de pais e professores liberais.

Soma-se a isso a avalanche de promessas, anúncios, estímulos e imagens. Estes são demandados, mas também preceituados. As imagens, porém, não possuem nada de duradouro, porque passam cada vez mais rapidamente e deslocam umas às outras. É como quando se come demais e com muita rapidez: haverá problemas com a digestão. O que não conseguimos digerir fica pesando dentro de nós. Ou devemos manter tudo do lado de fora, não deixar que nada toque em nós nem em nosso interior. Ademais, pelo fato de haver prós e contras demais no *talking* sem fim sobre problemas da vida e de outra natureza, o "como" já vale mais do que o "que". Todos os problemas são submetidos a procedimentos, dos quais se espera uma solução que até agora ninguém conhece, porque não se pode recorrer a soluções já conhecidas: estas já foram entregues à triagem do lixo psicológico que se encarrega de deixar tudo limpo.

Quem não sabe ao certo o que quer também não sabe o que deve fazer, diz a filosofia da arte de viver. Por isso, há um aumento da orientação de vida com base filosófica (isto é, com base nas tradições sapienciais), bem como da pergunta pela arte religiosa de viver (com base na assim chamada nova religiosidade). Em ambas, trata-se da minha "identidade" insubstituível, isto é, da esperança de aprender algo sobre o meu trajeto autêntico a partir da consistência e continuidade da minha biografia. O que a sociedade não me garante, o que a instituição a que pertenço como membro não pode mais me garantir, é o que tenho de extrair de dentro de mim mesmo. Isso me deixa tremendamente ocupado, especialmente comigo mesmo. Compartilho isso com o meu círculo de amigos, no qual tudo pode ser confabulado infinitamente, mas no qual a obrigatoriedade se baseia unicamente no gosto pessoal. Ou talvez não? Talvez a amizade represente a tábua de salvação onde a obrigatoriedade das comunidades diminui?

Não é só o amor que tem o seu tempo ou as suas épocas; também as épocas determinam o que se compreende por amor. *Amor em tempos de cólera* é um amor diferente do que o amor em tempos de testes de AIDS, amor em tempos de viagra, amor em tempos de técnicas de fertilização *in vitro*, amor em tempos de enxurrada de imagens, amor em tempos em que não há prós nem contras definidos – esta série de características de época poderia ser estendida ainda mais.

E, no entanto, o amor é, para os jovens, em muitos aspectos, bem convencional. Perguntei a jovens que se encontravam na busca pelo seu eu sexual: vocês querem a auto-realização sexual? Ou vocês querem uma aventura erótica, que pode ser renovada indefinidamente entre duas pessoas? Ou vocês querem fundar uma família, casar e ter filhos? A resposta foi: isso não são alternativas, queremos tudo isso. Ora, mas não se pode ter "tudo" simplesmente pela acumulação de cada uma das opções. As condições para ser bem-sucedido não se encontram sob o signo da infinitude e da inesgotabilidade, mas sob o pressuposto da finitude. Alguns filósofos pós-modernos entendem finitude como "contingência" no sentido de casualidade. Isso quer dizer que nem tudo pode ser premeditado, previsto, nem tudo é factível, nem tudo tem um curso lógico. Não se poderá contestar isso. Muito já se falou sobre a injustiça do amor. Ou não seria de fato apenas a injustiça da sua oferta? O amor não decorre simplesmente conforme a justiça da permuta na economia. Os dois amantes não formam nenhum *Pareto optimum*. (Trata-se do estado otimizado que dois sujeitos da troca alcançam quando cada um deles recebe do outro a quantidade suficiente de bens de troca.) Porque todo o que dá está sujeito a perder ou ganhar. E todo o que recebe está sujeito a perder ou ganhar. Isso não depende de valores de troca, mas do tipo de encontro, de sua profundidade erótica e moral.

Mas a contingência, a casualidade, não seria um entrave para o amor? Em todo caso, nenhum entrave decisivo. E o mesmo se dá com a finitude de nosso tempo, com nossas limitações e com nossa falibilidade. No ato finito de amar, elas estão abrigadas de uma maneira amigável. É possível falar disso de maneira convincente numa época de mudança de normas, de nivelação de ideais, de equiparação de todos os relacionamentos amorosos, de postergação do comprometimento devido ao longo período de mobilidade entre a maturidade sexual e a madureza do modelo de vida? A resposta a isso é: outras épocas tinham problemas de outro tipo, não menores, outros medos, outros padrões de comportamento, outras formas de repressão e uniformização. Hoje esses problemas aparecem vestidos ou fantasiados da originalidade e autenticidade, que são prometidas por todos e cada um através da propaganda comercial. Na era da individualização é o "tipo" que recebe o prêmio, e este já não é exatamente o indivíduo insubstituível. Quem "faz o tipo" pode ter algo de insubstituível? A aceitação que duas pessoas dedicam uma à outra seria absolutamente insubstituível e assim bem individual?

Onde reside então a sabedoria do amor finito?

No seu romance *A identidade*,[8] que trata do amor frágil, Milan Kundera faz falar o sentimento, que se diferencia da simples percepção objetiva tanto quanto da mera seqüência de pensamentos lógicos. O símbolo de que ele se vale para isso é o olhar nos olhos do outro:

"O olho: janela da alma; o centro da beleza do rosto; o ponto em que se concentra a identidade de um indivíduo; mas, ao mesmo tempo, um instrumento para ver, que precisa ser constantemente limpo, umedecido, tratado com um líquido especial, com uma pitada de sal. Ou seja, o olhar, a maior maravilha que o ser humano possui, é regularmente interrompido por um movimento

---

[8] Cf. M. KUNDERA. *Die Identität*. München, 1998 [em port.: *A identidade*. São Paulo: Companhia das Letras, 1999]; e a respeito disso D. MIETH. "Identität – wie wird sie erzählt?", in: ID. (Ed.). *Erzählen und Moral*. Tübingen, 2000, p. 67-82.

mecânico em função de sua limpeza. Como se fosse um pára-brisa sendo limpo pelo limpador de pára-brisa".[9] Kundera deixa claro, nesta passagem, que o olhar, que se dirige ao ser humano em sua totalidade e que culmina na contemplação recíproca – a Bíblia fala nesse tocante do "reconhecimento" do outro –, não reduz o corpo à sua funcionalidade e à sua condição dada de organismo, mas o concebe como uma manifestação da essência do outro. Pois a reação às funções orgânicas geraria antes distanciamento e estranheza, ao passo que o olhar amoroso vê outra coisa: "No limpador de pára-brisa da pálpebra de Chantal (da amada), ele viu a asa de sua alma, a asa que estremecia, que se agitava em pânico". Quem ama busca a imagem do outro como correspondência ao seu próprio sentimento. Sua corporalidade é transformada pela relação: ela não é mais uma média das ofertas passíveis de demanda no mercado das vaidades, e sim ela é ela mesma ou ele mesmo. No romance de Kundera, os especialistas em propaganda comercial se esforçam em vão para imitar esse olhar. O especialista orienta: "O que importa é encontrar imagens que produzam um estímulo erótico sem intensificar as frustrações". O resultado, todavia, são meras "máscaras deploráveis". Não se pode conceber de forma mais intensa o contraste entre a tentativa da propaganda de objetivar exteriormente a interioridade do olhar pessoal e com isso fazer uma ofer-

---

[9] M. KUNDERA. *Die Identität*. München, 1998, n. 21,1.

ta, uma promessa, que não pode ser cumprida e necessariamente causará frustração, de um lado, e o olhar do amor, que é capaz de enxergar através da exterioridade anatômica, de outro lado. E o amor só começa quando é tomada a decisão em favor do lado humano. Ele pode ser reconhecido no fato de captarmos o outro com um olhar compreensivo e complementador, que vamos ao seu encontro desse modo, em vez de transformá-lo em mero meio do modo consumista de ser.

O amor se diferencia do modo do "ter". Porém, se ele for tão livre que ninguém pode estar na condição de possuidor dele, não seria justamente essa liberdade que a torna um "intercâmbio de humores e oportunidades" (Botho Strauß)? O amante em Kundera com razão tem "medo" do segundo "em que meu olhar se apagar". Ou seria válido o que os amantes, em Kundera, "aprendem" na sua odisséia, a saber, que o olhar amoroso corresponde a um "contrato" que "Deus mesmo (...) nos impôs"? Em Kundera, isso não passa de uma pergunta feita de maneira hesitante, uma hipótese experimental; há uma resposta para essa pergunta?

Ou seria válida a resposta dada por Tânia Blixen, conhecida pelo romance e filme *Out of África*,[10] no seu escrito polêmico *O matrimônio moderno*: "O matrimônio moderno se tornou a folha de figueira sobre a qual se pode discutir do ponto de vista estético, mas que do

---

[10] N. T. Título do filme em português: *Entre dois amores*.

ponto de vista moral se deve encarar como nada". Tânia Blixen quer dizer com isso que todos têm de convir que "quem ama tem razão". Um amor antigo deve dar lugar a um novo. O fato de que o ato da amar nos torna pessoas boas e nos capacita para a bondade aparece como justificativa do que é bom em cada amor mais recente – e se ignora que a pergunta pela vida bem-sucedida também é a pergunta por sua vivência correta e justa, não só uma pergunta pelos sentimentos (que neste momento são) bons.

Trata-se da pergunta pela relação entre *éros* e *éthos* no amor. É uma visão bastante simplista pensar que, pelo fato de o *éros* tornar bom – no sentir, na disposição para a bondade em virtude do impulso amoroso –, ele também garantiria o correto. O amor sem justiça é cego, a justiça sem amor é vazia: esta é a minha tese. A metáfora da cegueira mostra que o meu olho também deve assumir responsabilidade pelo modo como enxerga. Pode-se aprender a ver o outro pelo lado bom, mesmo que – "visto" de modo realista – se venha a conhecer também as suas qualidades problemáticas e não só as boas. O que vejo eroticamente tenho de aprender a ver eticamente. O *éros* do olhar, que motiva o meu *éthos* em favor do outro, transforma-se em *éthos* do olhar, que mantém e prolonga as possibilidades eróticas: prolonga-as infinitamente, ainda que sob o signo da finitude. Porque, neste caso, "amar finitamente" significa amar sem fim. É a respeito do amor que a linguagem religiosa diz que ele "permanece", que dele nada se perde.

Portanto, pelo fato de, nesse sentido, o amor não ser "finito" – ainda que limitado pela nossa falibilidade, que faz parte da nossa finitude humana e da finitude da nossa cultura –, a consultoria ética oferece um auxílio para o avivamento do *éros*. Quem busca no amor que ele dure – e que amante sério não buscaria isso? –, tem de propor-se um encargo ético. Nesse processo, também o *éthos* aprende do *éros*. O olhar erótico já me ensinou que meu olhar confere ao outro uma valorização erótica, o meu olhar no olhar do outro, por razões eróticas, tem a discrição de ignorar as qualidades empíricas do conjunto formado por limpador de pára-brisa, superfície umedecida e saco lacrimal. Mas, além disso, eu compreendo que essas propriedades do olhar me auxiliam a vislumbrar na finitude do corpo a infinitude da alma, sem todavia separar esta daquele.

Essa discrição também tem algo a ver com a minha identidade. Porque "amar finitamente" numa perspectiva infinita também pressupõe que o meu amor-próprio esteja saudável. Uma ajuda especial para isso reside na convicção religiosa de ser amado por Deus de modo especial.

Quem fala eticamente do amor e, em conseqüência, inclui nele fidelidade e justiça, não fala inadequadamente dos sentimentos. Porque muitas pessoas jovens fazem a inevitável experiência, com que de início não contavam por estarem presos às usanças da nossa sociedade de troca, de fazerem exigências éticas quando pretendem deitar-se confiados nos braços de Eros. Seu querer é simultaneamente seu sentir. Pois nós queremos avaliar que sensação nos proporciona o nosso sentir. Este sentir do sentir está calçado por experiências morais relevantes. Os sentimentos não são – em contraposição ao mundo que a propaganda comercial nos apresenta – algo espontâneo que surge do nada. Claro que se instalou o sentimento de atração instantânea vindo do olhar, da palpitação do coração e "da barriga", como muitos dizem. Mas ele carrega dentro de si nossas esperanças, nossas experiências, nosso eu crescido, isto é, nossa identidade, que não podemos renegar (ou não deveríamos renegar). Esse sentir carrega em si também os auto-comprometimentos que podem levar ao prolongamento da bondade espontânea do *éros*. Somos responsáveis por aquilo que cativamos (Saint-Exupéry). Isso não vale no sentido paternalista ou materialista, como se fosse sob a "tutoria" do outro, mas vale também para nós mesmos e para a história que temos conosco mesmos.

Alguns objetarão nesse ponto que a minha visão da realidade do amor e de suas possibilidades resulte um tanto cor-de-rosa. Na realidade, o predominante seria o limpador de pára-brisa e não a piscada erótico-ética, para continuar com a metáfora do olho. Não se poderá refutar isso, embora devamos perguntar-nos por que, numa época que prefere a solução mais fácil, tantas pessoas permanecem unidas em matrimônios duradouros. Não foi sem motivo que falei de nossas limitações e de nossa falibilidade. Os períodos de crise do amor já foram tratados com freqüência suficiente, e elas preenchem as peças de bulevar. Antigamente a gente se inspirava na grande história de amor do teatro – hoje se delicia com o desnudamento da alma. Isso é reflexo também de um processo positivo de aprendizagem, que hoje – ao contrário de antigamente – facilita o diálogo entre pais e filhos que estão tornando-se adultos – a saber, a admissão da finitude no sentido de nossa limitação e falibilidade. Quando acaba um relacionamento, muitas vezes não se sabe se foram desenvolvimentos errados ou decisões erradas que se acumularam. Sabe-se apenas que, nesse caso, a finitude levou a um fim. Compreender isso é humano e não proibir novos começos é misericordioso.

4. O amor precisa de fidelidade?[11]

Viver um relacionamento é, num primeiro momento, pura alegria, depois uma arte. Com isso não se quer dizer que uma coisa nada tenha a ver com a outra. Trata-se de tirar proveito da ventura do ponto de partida que leva duas pessoas a se ligarem tão intensamente. Os amantes desenvolvem rituais de lembrança e renovação de seu relacionamento, não porque se sentem sob pressão, mas porque querem a sua relação. Esse querer não é um dever-fazer imposto a partir de fora. Antes, está

---

[11] Sobre isso mais detalhes in: D. MIETH. "Ewige Liebe – Glück oder Illusion?", in: S. SCHMIDT (Ed.). *Anstöße zum Glücklichsein*. Stuttgart, 2000, p. 168-183.

implícito aí que os amantes querem poder o que começaram com o seu querer.

É dessa palavra, do querer poder, que se deriva a "arte de amar", que é também o título de um livro de extraordinário sucesso do psicólogo social Erich Fromm. Quantas pessoas se empenharam por seu relacionamento com a ajuda de um livro assim!

Um relacionamento em que o muro da fidelidade expulsa o amor é uma coisa terrível. Mas um relacionamento em que o amor é enganado é e será uma coisa igualmente terrível.

O amor "sem ressalvas" evidencia que a infidelidade constitui uma traição contra a opção da própria história de vida e contra a história de vida do outro, direcionada para uma vida boa e que traz felicidade.

O mistério da fidelidade é compreendido somente quando as pessoas entendem que o nosso relacionamento se torna singular pelo fato de chegar a um *éthos* que passa pelo *éros*, e no qual aprendemos a não mais *poder* diferente do que ser tão fiéis quanto *queremos*. A partir desse *éthos* renasce um outro e ainda assim o mesmo *éros*.

Uma tradição hostil ao corpo excluiu o amor erótico do amor ao próximo. Ele tinha menos valor do que o amor ao próximo. Sob o signo da modernidade, surgiu a hierarquia oposta: em caso de conflito, o amor erótico vence o amor ao próximo. Porém, deve-se dividir o amor? É verdade que *éros* e *éthos* podem ser perfeitamente distinguidos, mas se quisermos separá-los completamente, isto se dará às custas da dignidade humana. Afinal, só pode haver uma ética humana.

Quem pensa em separar, é confrontado com uma situação extrema habitual: o parceiro que não é amado ou a parceira que não é amada pode de fato exigir, em nome do amor ao próximo, que uma relação erótica intensa seja, por assim dizer, sacrificada no altar do amor ao próximo? A lei do amor erótico diz que ele exige que tudo lhe seja sacrificado, mas jamais poderá sacrificar a si mesmo. É verdade que deve haver acordos, e não é qualquer desvio dos princípios morais que é permitido em nome do amor erótico. Mas as prioridades e as hierarquias estão claramente estipuladas. Na situação de conflito habitual e bem conhecida, trata-se de certa maneira do malogro ou êxito da vida no relacionamento. A vida em relacionamentos pessoais faz parte das necessidades básicas do ser humano, e a pressuposição de tais relacionamentos não é simplesmente a decisão da vontade guiada pela razão, mas a atração erótica declaradamente duradoura.

Nas fórmulas da ética tradicional, pode-se descrever o conflito também da seguinte forma: o ser humano sabe o que deve fazer, mas ele não se vê em condições de atender à exigência desse dever-fazer, em contraposição à palavra da raposa em *O pequeno príncipe* de Saint-Exupéry: "Você é responsável por aquilo que cativou".

Trata-se, portanto, de fato daquilo que merece o nome de amor. A conseqüência de que, na situação real, o *éros* tem de dar lugar ao *éthos* também pode ser sentida como terrível. Ela é lógica, mas na situação extrema não é humana. Pode ser que, em nome do amor, o ser humano tenha o dever de se manter fiel; mas, em nome do seu amor-próprio e da sua identidade ele também tem o direito de tornar-se um outro ou uma outra. O dilema parece insolúvel. Em vista disso, o ser humano tem de buscar "o que é viável", aquilo que permite a ele e aos demais envolvidos preservar sua humanidade e obter êxito. As dolorosas decisões a serem tomadas no caso extremo não podem ser antecipadas por meio de regras.

Mas os princípios éticos tampouco podem ser definidos a partir do caso extremo. Uma norma ética concreta vigora nos termos de uma regra aproximada, senão ela simplesmente substituiria a consciência e a decisão, o que não é possível. As normas conseguem chegar até os casos isolados da realidade moral da pessoa tampouco quanto a gramática chega até a realidade da linguagem pessoal.

Haurir o amor na sua plenitude significa conservar o amor erótico no amor ético. Em caso de conflito, o ônus da prova estará distribuído de tal modo que as exigências éticas gerais feitas ao amor ou em nome do próprio amor constituirão o fórum, diante do qual o defensor ou a defensora do amor erótico deverá apresentar a prova. O ímpeto da auto-experiência erótica mal conseguiu visualizar inteiramente o tu do outro. É verdade que o êxtase pelo tu erótico depura a nossa vontade também em termos éticos, de tal modo que queremos e podemos aquilo que de resto experimentamos antes como exigência do dever. No amor torna-se fácil para nós ser o próximo ou a próxima do próximo. Ninguém deveria colocar essa facilidade, que é a marca de uma ética melhor, sob suspeita, apontando para a disciplina, o dever e o sacrifício. Quem encontra facilidade na moral em nome do amor erótico, não deveria colocar sob suspeita aquele que, em nome do amor ético, acha possível renovar o *éros*, mesmo sem dispor daquelas forças auxiliares do primeiro enamoramento. O que faz o amor ser amor é a constante complementação, fecundação, o processo de aprendizagem mútuo, no qual o amor exclusivamente ético teria de enrijecer-se, se não viesse em seu auxílio a vontade motivada pelo *éros* (isso abrange também as formas eróticas sublimadas do amor a Deus). E, inversamente, o amor erótico falharia em sua pretensão de continuar sendo amor, se não houvesse o reflexo da humanidade em sua face. O que haveria a dizer contra uma exigência ao amor no sentido da disciplina, da preservação da dignidade, da integração do amor-próprio, do equilíbrio entre justiça e privilégios, da interação entre dever, fidelidade e solicitude, de humor e seriedade? O que pode um(a) amante ter contra o fato de tais atitudes generalizarem e embelezarem o nome do amor por serem ao mesmo tempo exigências humanas? A felicidade do amor – pois é disso que se trata – necessita de um relacionamento, no qual seja encontrado o equilíbrio entre o *éros* e o *éthos* do amor.

5. Como me torno feliz?[12]

O filósofo Aristóteles chama o fim de todos os fins da nossa busca, não só da nossa busca por amor, de "felicidade": "Mas talvez mesmo nas criaturas inferiores exista algum dom natural mais forte do que elas e que as leva a tender para o bem que lhes é próprio".[13]

A ética não tem a ver somente com o que devemos fazer, mas também com como queremos ser e o que almejamos duradouramente. A felicidade está irremediavelmente associada à idéia de levar uma vida boa e exitosa. Essa idéia é a estrela-guia de uma moral que quer chegar ao alvo do seu querer ou ao desdobramento de todos os bons talentos. Felicidade é o que queremos, não o que devemos. Ela não decorre simplesmente do exercício de atitudes e deveres, mas inerente a ela é um momento que não pode ser treinado, um direcionamento que parte do senso que temos para as nossas chances e possibilidades. Para os clássicos gregos da ética tratava-se de um "demônio", uma força motriz espiritual, sim, religiosa, situada na alma. Por essa razão, eles chamavam a felicidade de "eudaimonía". No cristianismo, o componente religioso foi desdobrado de maneira especial na "bem-

---

[12] Cf. C. Horn. "Glück, Wohlergehen", in: M. Düwell, C. Hübenthal, M. H. Werner (Eds.). *Handbuch Ethik*. Stuttgart, 2002, p. 375-380.
[13] *Ética a Nicômaco* X,2. [Em português: Aristóteles. *Ética a Nicômaco*. Trad. de Pietro Nassetti. São Paulo: Martin Claret, 2005. p. 218 (Coleção Obras-primas de cada autor)].

aventurança" ou "felicidade suprema". Nesse processo, o componente moral perdeu seu significado próprio, porque o bom simplesmente foi identificado com Deus.

Se levarmos a sério a maneira como a linguagem cotidiana de hoje usa "felicidade", estamos bastante distantes da linguagem da moral. A linguagem da moral é, para nós, uma linguagem normativa, na qual o aspecto pessoal fica em segundo plano. Por outro lado, o aspecto pessoal é tão importante no mundo individualizado que, com sua "moral privada", ele se dissocia da obrigatoriedade geral: "Cada um é artífice de sua felicidade", como formulou o Iluminismo ou: "Cada um tem o direito de ir atrás de sua própria felicidade ('pursuit of happiness')", como diz a constituição norte-americana. Nós nos acostumamos a andar em duas pistas: com uma moral pública reduzida ao mínimo necessário e uma auto-realização a mais preenchida possível, em que nossa "moral privada" e nossa busca da felicidade cooperam.

Muitos espreitam a felicidade da vida em ser premiado na loteria. A posse de bens materiais possibilita a escolha de outros bens que se aprecia sem grandes restrições. A riqueza parece ser uma boa precondição para se tornar artífice da própria felicidade. Mas isso não se oferece nenhuma garantia: "riqueza não traz felicidade".

O que, então, torna feliz? Não há uma resposta simples para isso, porque os significados da felicidade não são convergentes, mas divergentes.

Na ética, todavia, podem-se colocar alguns desses significados entre parênteses. A ética não se ocupa com a sorte casual (em latim: *fortuna*; em francês: *fortune*) ou, caso o faça, é com a digestão da mesma. Ela se interessa pela felicidade da vida como um todo. Esta pode ser de dois tipos: um instantâneo ou um processo que desemboca estados, ainda que frágeis, de felicidade. O louvor à continuidade de uma "providência" (de fora) ou uma "condução" (de dentro) é acompanhada pela queixa sobre a fragilidade. O instante que deve permanecer representa a condição presente e passageira da expectativa de felicidade; o balanço da vida preenchida representa uma continuidade, apesar de todas as vicissitudes: "Quem está em ordem, está em ordem em circunstâncias muito diversas" (Mestre Eckhart).

De acordo com Christoph Horn, entra em "cogitação, como conceito filosófico de felicidade, apenas o conceito abrangente da felicidade da vida".[14] Um conceito assim conta com a finitude da vida e, conseqüentemente, também com a impossibilidade de alcançar a perfeição ou a plenitude. Desse modo, todavia, é revogada a unidade aristotélica de busca ética e impulso religioso. Porém, essa unidade é procurada hoje em dia especialmente quando as pessoas tentam encontrar uma maneira apropriada de lidar especialmente com a finitude, a mortalidade, a faculdade de sofrer e a suscetibilidade a cometer erros, próprias da vida humana.

---

[14] C. HORN. "Glück, Wohlergehen", in: *op. cit.*, p. 375.

A felicidade num sentido moralmente relevante não é simplesmente um estado ideal e, em conseqüência, tampouco é simplesmente o cumprimento de sonhos do desejo. "Pode-se entender por felicidade da vida, por um lado, uma felicidade subjetiva de sensações e, por outro, uma felicidade objetiva de realização."[15] No primeiro caso, trata-se de estados eufóricos, no segundo, "da posse dos mais importantes bens relevantes para a felicidade". Aristóteles, ademais, era de opinião que havia uma ligação entre o bom e o direito, entre os bens e os critérios do nosso agir, ligação que não apenas influencia o nosso êxito pessoal, mas também deriva o bem-estar geral do fato de o bom e o correto estarem sendo feitos no indivíduo e pelo indivíduo.[16] Assim como ele não separa o moral do religioso, tampouco separa o privado do público (ainda que ambos possam ser distinguidos). Nem mesmo nos dias de hoje podemos simplesmente dizer que das instituições políticas corretas nada mais teriam a ver com a consciência pessoal de valor. "O privado é o político": esta frase soa como um exagero desmedido. Mas há um grão de verdade nela: a soma das valorações que formulamos no nível pessoal e que aplicamos em nossa vida constitui uma fonte de recursos política que pode fluir ou se esgotar. Por um lado, deve-se diferenciar de fato neste ponto entre o pessoal e o político.

---

[15] C. HORN. "Glück, Wohlergehen", in: *op. cit.*, p. 376.
[16] *Ética a Nicômaco* I, 2.

Porém, se ambos correrem paralelamente, o bom se esgota como fonte de recursos do correto e a ética passa para um segundo plano atrás da estratégia política. Se, por exemplo, a justiça ficar reduzida a uma construção política e não mais se refletir também em atitudes de pessoas e grupos sociais, então o direito não estará mais enraizado em convicções vividas, mas apenas ainda na força normativa do factual, na hierarquia de poder ou num mundo fictício simulado.

A busca pela felicidade não é uma experiência moral específica que fazemos (cf. capítulo I, 6). A busca da felicidade é movimento, mas não é caminho. Seguimos os seus sinais luminosos, mas ao fazê-lo precisamos olhar bem para o chão em que pisamos, onde fatalmente tropeçaríamos se ficássemos olhando apenas para a lonjura à frente ou para o alto. Se seguirmos aquilo que reconhecemos como bom e correto, teremos captado uma boa parte do conceito que temos da felicidade da vida. Se lidarmos corretamente com as limitações e os erros que residem em nós mesmos ou nas circunstâncias, teremos a outra parte. Se conseguirmos dimensionar o quanto a nossa felicidade está ligada ao bem-estar de outras pessoas, enfim, de todos os seres humanos, teremos obtido uma perspectiva ampla. Se captarmos o equilíbrio possível para nós entre auto-realização e entrega, encontraremos o recipiente para dentro do qual a felicidade poderá fluir. Porque: "Quem não considerar a si mesmo importante logo estará decaído" (Thomas Mann), mas: quem procurar apenas a si mesmo, perder-se-á (cf. Lc 17,33).

Quando falamos da felicidade ao refletir sobre a moral, como faz a ética, então sempre se chegará ao âmbito que em todas as culturas se chama de "sabedoria". Pois é a sabedoria que avalia, a partir da experiência prática, os conceitos de felicidade. Esta é a sua autoridade, que se reflete também na autoridade do sábio. Nesse sentido, a busca da felicidade vai ao encontro daquilo que inicialmente dissemos sobre a experiência e a experiência prática: também nestas atuam simultaneamente o aspecto pontual concreto e o aspecto processual. Algo similar se dá com as experiências de felicidade. E como somos pessoas que não podem parar de necessitar da felicidade, a busca pela felicidade se estende como um fio vermelho pelo tapete que estamos compondo no tear da moral.

V

NORMAS E VALORES

1. O que são propriamente normas?[1]

Muitas pessoas ficariam admiradas se ouvissem que a palavra "norma" só foi associada com a palavra "moral" numa época bem recente da história da ética, a saber, no decorrer do século 19. Antes disso, a palavra esteve restrita a medidas descritivas, medidas de comprimento, peso e semelhantes. Para a ética vigorava, em contrapartida, o conceito da lei moral. Podem-se fazer duas observações quanto ao desenvolvimento da lei moral (em Immanuel Kant) relacionada com as nor-

---

[1] Cf. mais detalhadamente: D. Mieth, "Normen", in: J. P. Wils, D. Mieth (Eds.). *Grundbegriffe der christlichen Ethik*. Paderborn, 1991. Além disso: L. Freund. *Die Entwicklung des Normbegriffes von Kant bis Windelband* [Dissertação não-impressa]. Tübingen, 1933.

mas éticas: primeiro, a lei era assumida como algo dado, a norma ainda tinha de ser feita (como no caso do metro); segundo, via-se um nexo entre medidas empíricas ou medidas verificadas em fatos e medidas éticas. Esse nexo desfez o vínculo entre "natureza" (no sentido de um conhecimento do todo e de sua finalidade que transcende a realidade) e "moral".

O factual "é assim" passou a ocupar o lugar do ser mais profundo.

A "norma" se transforma num conceito central das ciências e da técnica. Nestas, ele designa um *standard*, um tipo de média prática, com base na qual se pode constatar e classificar os desvios. Na virada para o século 20, o cortejo triunfal do normativo tem continuidade na sociologia e na psicologia, nas ciências sociais e humanas mais importantes. Quanto mais cresce o uso do conceito da norma, tanto mais ele migra também para a concepção do ser humano e de sua moral. Em toda parte, prevalece o mundo das normas: nas unidades de medida (pensemos nas especificações da ABNT!),[2] na maneira como concebemos a saúde, na forma como seguimos regras para fazer pesquisa ou apurar estatísticas e em muitas outras coisas. Todavia, deve-se ter em mente o seguinte: correspondendo aos princípios do criticismo científico e, ligada a estes, da superabilidade fundamen-

---

[2] N. T. Associação Brasileira de Normas Técnicas, equivalente do alemão DIN (Deutsches Institut für Normung e. V.).

tal de todo conhecimento, as normas – diferentemente das leis imutáveis – são mutáveis e ponderáveis.

A ética, assim se afirma (e não quero verificar isso neste ponto), deixou para trás a metafísica, isto é, a pergunta por um sentido situado além da facticidade. As normas devem ser realistas ou práticas, e isto se faz: temos aqui o domínio incipiente do pragmatismo moral. As regulamentações práticas da sociedade se baseiam na superação do egoísmo original em prol do convívio pacífico. Esta é a idéia do contrato social. A um contrato desse tipo, que não é pactuado de fato, mas que está como que virtualmente na base de nossas ponderações sobre as condições sociais adequadas, recorre uma parte dos filósofos políticos: temos de imaginar uma situação, em que estipulamos um contrato sobre os princípios mais importantes de nossas instituições, sem antes saber ao certo que papéis desempenharemos nessa sociedade e nas suas instituições. Um experimento intelectual dessa natureza, na opinião de seu mais importante defensor, John Rawls,[3] estaria coberto por um "véu de ignorância", sob o qual a situação inicial imaginada é a mesma para todos, sendo que as possíveis diferenças são igualmente conhecidas. Quem integra o contrato básico deveria, portanto, escolher um sistema de princípios justo, no qual a igualdade tem a primazia e cada desigualdade deve ser justificada em particular com a vantagem para quem sofreu maior prejuízo.

---

[3] Cf. J. Rawls. *Eine Theorie der Gerechtigkeit*. Frankfurt/M., 1975.

Já o utilitarismo argumenta diferentemente de John Rawls. A sua forma de praticidade consiste na regra simples de que bom e correto é o que possibilita o maior bem-estar possível ao maior número possível de pessoas.

O critério que vigora aí é a maximização da utilidade. Aparentemente isso combina bem com o princípio majoritário da democracia: é claro que o que a maioria aceita tem de ser útil para essa maioria. Por essa razão, hoje em dia a pergunta pela ética muitas vezes nada mais é que a pergunta pela aceitação por parte da maioria. Líderes políticos freqüentemente se parecem com utilitaristas profissionalmente ancorados. Isso também vai ao encontro da maximização do lucro como objetivo na economia. Todavia, é preciso regulamentar socialmente o princípio econômico do lucro em prol do bem-estar geral.

Há duas concepções do bem-estar geral como critério: uns não vêem nele nada mais que o cálculo da utilidade para o maior número atingível de pessoas; outros vêem nele a soma dos direitos e deveres que os indivíduos podem reivindicar, com base nos seus direitos de liberdade, sociais e culturais, derivados da dignidade humana. Somente nesta segunda concepção, a democracia não aparece apenas como um princípio majoritário, mas também como proteção de minorias e uma forma constitucional que pressupõe a divisão dos poderes.

Das normas para a construção da sociedade devem ser diferenciadas as normas que, dentro dessa moldura, originam o direito para todos, as normas que valem para determinados grupos e, por fim, as normas que o indivíduo estabelece para si mesmo quando se pergunta pelas máximas morais válidas para o agir pessoal.

Para precisar a norma moral, deve-se diferenciá-la de outros grupos de normas: da norma apurada estatisticamente, da norma biológica, da norma social e da norma legal. A norma estatística expressa a tendência de certa maioria, o que se considera normal ou o que se costuma fazer. Se transformássemos a norma estatística em norma ética, seriam decisivos ou os que fazem a estatística, porque eles influenciam o anúncio do resultado por meio do método de apuração, ou a posição majoritária apurada. Contudo, enquanto a ética não for simplesmente reprodução de opiniões majoritárias, a estatística será pouco expressiva nesse campo. Por essa razão, a ética não pode ser apurada empiricamente, ainda que isso constitua um mal-entendido muito difundido também nos meios em que se faz pesquisa. Por isso, conhecimentos sobre padrões de comportamento social até são úteis, mas não são determinantes na ética.

A norma biológica desempenha, por exemplo, um papel nas teorias de causa e efeito do nosso comportamento. Como, porém, ela não é capaz de interpretar a liberdade por seus próprios meios, mas apenas com os meios da filosofia, ela pode ser para a ética apenas uma ciência auxiliar, para reconhecer os mecanismos aos quais tem de recorrer a nossa liberdade.

A norma social é um campo constituído de regras de ação que não são sancionadas legalmente, mas apenas socialmente, como, por exemplo, costumes de polidez ou de conduta cultural, mas também formas do *éthos* grupal, das quais os participantes só podem se esquivar sob o risco de que o grupo não lhes conceda a mesma consideração ou até os exclua de seu rol de membros.

A norma legal com certeza influencia o comportamento moral. Porém, isso ocorre sobretudo pela maneira com que ela é recebida e entendida, o que às vezes se diferencia da intenção e do teor literal da norma. Por exemplo, em vista da introdução da interrupção da gravidez não passível de punição difundiu-se a seguinte opinião: se ela não é mais passível de punição, então ela também não é mais ilegal e, em decorrência disso, é legítima do ponto de vista moral. Não é assim que consta na lei, mas esse é o efeito prático da lei. Embora o direito seja uma grandeza formadora de fato da moral, seria muito problemático aplicá-la no processo de formulação da moral, seja para amenizar seja para aguçar. O direito regula somente o que precisa ser regulamentado em função da preservação da constituição básica da sociedade, em função da paz entre as pessoas que convivem numa sociedade na forma de Estado e, por fim, em função da preservação da dignidade e dos direitos de cada indivíduo. Numa sociedade aberta, direito e moral não são coincidentes.

Somente tendo em consideração a aceitação livre de obrigatoriedades fundamentadas, pode-se falar daquela moral, sobre a qual a ética reflete, sobretudo quando ela é controvertida. Nesse tocante, devem ser observados diversos níveis na reflexão da ética sobre a justeza e a obrigatoriedade de normas morais: normas como princípios, normas como regras aproximadas, normas como propósitos pessoais e normas como juízos éticos preferenciais.

O princípio normativo mais elevado é a dignidade humana (cf. capítulo III, 2). Esse princípio pode ser expresso em diversas variantes, dependendo do que se tem em vista com ele: o fato de o ser humano ser um fim em si mesmo, a sua indisponibilidade, seu valor absoluto, a intangibilidade do seu corpo e os direitos humanos que se pode derivar desses desdobramentos da dignidade humana e que se pode fazer vigorar em forma de direitos fundamentais.

As normas como regras aproximadas devem ser vistas à semelhança das regras básicas da gramática para a língua. Elas carecem da arte da argumentação moral (cf. capítulo III, 5) para desenvolver a sua força comprobatória; freqüentemente necessitam também do reconhecimento de um exemplo de convicções vividas. Um exemplo desse tipo de regra aproximada é a regra de avaliação das conseqüências: não se deve resolver problemas de tal maneira que os problemas decorrentes da solução do problema sejam maiores do que os problemas por ela solucionados. Pode-se lançar mão de outros exemplos como "fórmulas de memorização da moral", como mostrarei no capítulo final sobre os dez mandamentos.

As normas como propósitos pessoais podem ser caracterizadas como autocomprometimento livre com o bem-viver. Nem todas são passíveis de avaliação ética.

Somente as orientações mais importantes que assumimos na totalidade de nossa biografia e que realmente queremos são pertinentes aqui, e estas freqüentemente correspondem a regras aproximadas gerais referentes a normas (por exemplo, dizer a verdade, cumprir contratos) e referentes a virtudes atuais (como coragem de assumir publicamente sua opinião). Porém, as aquilatações pessoais que fazemos neste ponto conferem à nossa identidade moral um perfil particularmente pessoal.

As normas como juízos preferenciais (que direito é prioritário?) ou como apreciação dos bens (que bem merece a preferência?) nos ocupam, em nível de sociedade, no estágio preparatório à constituição do direito. Esses juízos e apreciações freqüentemente levam a conflitos ou ao inverso: neles se manifestam conflitos entre as convicções vividas e os conceitos éticos diferenciados. Para regulamentar esses conflitos, dependemos de discursos, nos quais bons princípios, argumentação correta e decisões sábias (cf. capítulo III) têm a chance de se comprovar.

Numa pesquisa de opinião realizada em março de 2003, constatou-se que 66% dos alemães querem se ater aos dez mandamentos. Todavia, igualmente se constatou que esses mandamentos praticamente não são conhecidos isoladamente e em termos de conteúdo, com uma exceção: a proibição de matar. Esta é a razão pela qual escolheremos a seguir esse mandamento. Com outros mandamentos ou normas já nos ocupamos indiretamente no capítulo sobre "processos imorais de aprendizagem", especialmente com o mandamento de dizer a verdade (cf. capítulo II, 4).

2. A proibição de matar[4]

A proibição de matar está entre as regras primordiais de uma comunidade de direito. Na verdade, é mais apropriado falar da proibição de "assassinar" e não da proibição de "matar". Porque, por exemplo, no *éthos* israelita, do qual depreendemos a fórmula apodíctica da proibição de matar, matar era permitido em determinados casos, seja por ocasião da pena de morte, quando um homicida transgride a reciprocidade do direito à vida, seja em legítima defesa, seja na guerra. Esta ainda era considerada, naquela época, como fenômeno da natureza ou também como instrumento da providência divina: "No tempo em que os reis costumavam ir para a guerra".

Com a proibição de matar se registra o seguinte: a vida do ser humano é um bem fundamental. Em princípio, não é permitido matar de modo algum. Exceções a

---

[4] Cf. T. MANN. *Das Gesetz, Dichtung und Wirklichkeit*. Com um ensaio de Käte Hamburger. Frankfurt/Berlin, 1964 (encontram-se aí narrativas bíblicas, judaicas e islâmicas sobre Moisés e sobre a proibição do homicídio); cf. também K. -J. KUSCHEL, cf. acima nota 13; D. MIETH. "Du sollst nicht morden. Menschenachtung und Schutz de Lebens", in: KATHOLISCHES BIBELWERK (Ed.). *10 Gebote*. Stuttgart, 2001, p. 83-93; ID., "Töten gegen Leiden?", in: STIFTUNG DEUTSCHES HYGIENE-MUSEUM *et al*. (Eds.). *Die Zehn Gebote*. Katalog 2004.

essa proibição necessitam uma justificativa. O assassinato constitui um ato de matar *sem razão que o justifique*. Um ato de matar dessa natureza abre as portas para todos os motivos possíveis, arbitrários e, conseqüentemente, condenáveis, de lidar com a vida do outro sem se preocupar em poupá-la ou conservá-la. No grande romance de Thomas Mann *José e seus irmãos,* José diz ao reformador religioso romântico sentado no trono do Faraó: "Não podes permitir que as coisas corram como imaginam os incendiários assassinos". Isso também constitui uma manifestação clara da necessária postura de resistência contra o homicídio no interesse do bem-comum e no interesse da preservação individual da vida.

Thomas Mann estava entre aqueles que ofereceram resistência à luta de Hitler contra os dez mandamentos – hoje diríamos: contra os direitos humanos. Na sua narrativa *A lei*, de 1943, ele tratou da proibição de assassinar como proibição de matar e, acompanhando um artigo de Sigmund Freud sobre o *Homem Moisés,* situou o surgimento dessa proibição de matar na psicologia interna de um homem que apresenta uma estrutura arquetípica:

"Ele (Moisés) matou cedo no arder da ira, por isso sabia melhor do que qualquer um sem experiência, que matar dá gosto, mas ter matado é extremamente horrível, e que não deves matar."

Thomas Mann escolheu aqui uma perspectiva diferente daquela que nós assumimos habitualmente. Nós refletimos intuitiva e espontaneamente a partir de fora sobre os homicidas e seus cadáveres, sobre as suas vítimas, sobre a tortura, mutilação, estupro, genocídios e coisas desse tipo. Thomas Mann ingressa aqui no interior do assassino e faz com que a proibição de homicídio ganhe forma a partir da experiência da consciência, mais exatamente a partir da experiência da má consciência, da qual os outros devem ser poupados.

Trata-se, nesse caso, do reconhecimento de um "delito", que não se gostaria de atribuir a si mesmo e que, por isso, não se ousa chamar de "ato". Esse reconhecimento provém do espanto do ser humano em vista de si mesmo e em vista do pavor que é capaz de difundir. Trata-se aqui de uma motivação. A fundamentação, a comprovação por que o ato de matar deveria ser proibido entre humanos, tem o seguinte teor: o bem chamado vida, que Deus deu de presente, ao insuflar como que pessoalmente o fôlego de vida no ser humano e ao moldá-lo conforme a sua imagem, é tão fundamental para qualquer comportamento interpessoal que ele só pode sofrer limitação quando entra em conflito consigo mesmo. No decurso da história, a razão para a exceção chamada "legítima defesa" foi formulada de maneira cada vez mais precisa. Hoje em dia a pena de morte é desaprovada na Europa. No caso de um Estado, para defender-se de um delito, não se encontrar mais em apuros para se defender, ou seja, de defesa legítima, a pena de morte não possui mais justificativa ética.

Thomas Mann expressou a comprovação de maneira um pouco diferente: "Nem mesmo ocorra a você fazer a diferença descarada entre ti e o outro, de modo que você pense ser o único real e que faz a diferença, e o outro, apenas uma aparência. Vocês têm a vida em comum, e apenas por acaso você não é ele. Por isso, não ame exclusivamente a você mesmo, mas ame igualmente a ele e proceda com ele da mesma forma que você gostaria que ele procedesse com você se ele fosse você".[5]

Aqui se recorre à assim chamada regra áurea. Nela está depositada, e isso em religiões e doutrinas sapienciais muito diversificadas, inclusive em doutrinas filosóficas sobre o êxito da existência humana, a experiência de que eu posso um dia ocupar o lugar do outro. Assim, no Primeiro Testamento, constantemente se chama a atenção para o fato de o próprio Israel ter sido estrangeiro, que a partir dessa experiência ele sabe muito bem como se sente um estrangeiro e, por isso, deve tratar bem os estrangeiros. Como já vimos, a memória da troca de papéis também pode manifestar-se como construção na filosofia política, como no caso de John Rawls: eu construo um estado primordial, no qual as pessoas formulam uma constituição sem ainda estarem cientes de quem virão a ser. Esse "véu de ignorância" se alia à memória da desigualdade destrutiva que há entre as pessoas. Saber e não saber quem nós somos fornecem a fundamentação para que nos concedamos mutuamente os mesmos direitos. Mas pode-se presumir também que, ao estipular fins para as nossas ações, só os alcançare-

---

[5] *Op. cit.*, p. 39.

mos se concedermos que os outros também possam ter fins para as suas ações, e que também essa experiência se transforma em mandamento, caso queiramos estabelecer uma regra para a ação continuada: "Você deve agir de tal maneira que inclua os direitos e deveres de todos os envolvidos no contexto da ação, tanto os seus próprios quanto os de todos os demais".[6]

Na regra áurea está contida uma experiência que leva a uma "hermenêutica do temor" (Hans Jonas): eu poderia ser atingido da mesma forma se as circunstâncias fossem diferentes.

Nesse tocante, a experiência religiosa e a fundamentação ética fizeram alianças em todas as épocas. Pois filosofia quer dizer "amor à sabedoria", e neste sentido encontra-se na Bíblia não só a palavra de ameaça profética, mas também a palavra sedutora da sabedoria: o que traz proveito à vida deve ser promovido.

"Não matarás" – Jesus de Nazaré, como o legislador da Nova Aliança, que é colocado ao lado de Moisés nos evangelhos, procede ao desdobramento resoluto deste mandamento na forma de um *éthos* do amor ao próximo, o qual ele compartilhava com algumas escolas judaicas de interpretação da lei de sua época. No sermão da montanha, as suas palavras são transmitidas com o seguinte teor: "Ouvistes o que foi dito aos antigos: 'Não mata-

---

[6] Cf. detalhadamente K. STEIGLEDER. *Grundlegung der normativen Ethik. Der Ansatz von Alan Gewirth.* Freiburg i. Br., 1999; A. GEWIRTH. *Reason and Morality.* Chicago, 1978.

rás';[7] e 'quem matar estará sujeito a julgamento'. Eu, porém, vos digo: todo aquele que se irar contra o seu irmão é passível de julgamento. Ademais, quem falar para o seu irmão: 'Tolo', estará sujeito ao tribunal superior. E quem falar para ele: 'Louco (ímpio)', estará sujeito ao inferno de fogo" (Mt 5,21-22). Além disso, Jesus exclui a possibilidade de retribuição e propaga a disposição de reconciliar-se com o adversário irado (Mt 5,38-48).

Portanto, quando Jesus, na qualidade de novo Moisés, fala de cima da montanha e de dentro da nuvem da sabedoria divina, então o tema é o respeito ao ser humano como um todo. Não se trata isoladamente da vida como um bem fundamental, mas, para além disso, de conceder o devido respeito, que não se deixa bloquear ou estreitar pelo comportamento do outro. O outro já foi acolhido no coração antes mesmo que suas ações sejam aquilatadas. O nosso comportamento em relação a outras pessoas – e Jesus se refere a todas as pessoas, não somente os irmãos, pois "também os gentios" fazem esse tipo de restrições – não constitui uma resposta ao comportamento delas, mas uma resposta à nossa própria identidade religiosa, que de antemão inclui o outro, assim como nós somos incluídos por Deus: é dessa experiência de ser amado que se origina o amor. Aqui o *éthos* da reciprocidade é empreendido por um *éthos* preveniente do afeiçoamento e do relacionamento que

---

[7] N. T. O autor usa o termo mais específico *morden*, que significa *cometer homicídio*.

primeiro me constitui como pessoa. Ver o outro como ele é constitui um mandamento da prudência; ir ao encontro do outro a partir do amor é um mandamento da "singeleza" ou, como Jesus também diz, da forma final do nosso ser perfeito ("téleios").

Desse modo, o "não assassinar" transcende em muito os delitos do ato de matar e leva a uma imagem do ser humano que se abre para as "grandes" éticas cristãs da paz, da nova comunhão, da reverência à vida, da co-criaturalidade, do serviço humilde. No entanto, a "grande" ética, que é sintetizada no mandamento do amor, que, por sua vez, abrange a regra áurea, não nos poupa das "pequenas" éticas da legítima defesa, que não foram desaprovadas pelo cristianismo.

Nem mesmo a impressão direta causada pelo sermão da montanha proferido por Jesus apaga a idéia da diferenciação entre legítima defesa e homicídio. E, por isso, sempre se deve diferenciar entre a "grande" ética do amor e da paz do cristianismo e a "pequena" ética da legítima defesa. Esta, todavia, encontra-se sob a ressalva do possível desaparecimento da situação de apuro que a produz. A história desse desaparecimento é longa: desde o desaparecimento da vingança de sangue, a condenação da guerra, dos atos de violência, da tortura, da difamação, do estupro, do abuso de crianças etc., até a condenação da pena de morte. Mas não conseguimos eliminar toda e qualquer situação de aperto, e por isso continuamos a refletir não só sobre a justiça que pode ser gerada pela paz, mas também sobre o aperto provocado, por exemplo, por uma "intervenção humanitária" que se vale da violência.

Como devemos lidar hoje com todas essas questões que levantam a respeito de vida e morte, questões antigas e novas, aguçadas e complexas, pacíficas e controvertidas? Uma coisa está clara: a história da influência do mandamento depende – como foi até agora e será mais ainda no futuro – de como se modificarem as condições contextuais da história e os discursos éticos no contexto filosófico. Esta é a razão pela qual nós hoje defendemos a priorização da "maior" ética possível da justiça e da paz em relação à "pequena" ética da legítima defesa tanto quanto a abolição da pena de morte. Por outro lado, encaramos o genocídio e a tortura, o estupro e o abuso de crianças, mais do que em épocas passadas, como pecados que clamam aos céus, especialmente como pecados contra a proibição de matar e a proibição do uso da violência. Nos exemplos do abuso de crianças e do estupro é possível demonstrar que hoje em dia estes não são mais encarados em primeira linha como delitos sexuais, mas como violação da intangibilidade da vida e do corpo.

A experiência da história e o esclarecimento científico nos ensinaram a ver a sede da suscetibilidade ao pecado não mais no desejo sexual, mas na tendência a se deixar seduzir pela violência. Agressividade e preconceito merecem a nossa atenção ético-social; no momento, eles devem ser percebidos e combatidos de modo renovado, em especial no extremismo de direita.

O suicídio como causa freqüente de morte em sociedades altamente civilizadas se manifesta hoje antes como uma conseqüência do isolamento em relação ao semelhante e da dificuldade em lidar com o fracasso. O ato de matar a pedido (eutanásia ativa) é visto como um problema da medicina que se propõe a prolongar a vida. No entanto, também aqui vigora o cerne da proibição: o bem elevado da vida e a falta de justificativa para acabar com ela por conta própria ou deixar-se matar diretamente não permitem transformar casos extremos no caso normal permitido por lei. Com certeza há regulamentações legais que dificilmente podem ser impostas e há também, como no conflito em torno da gravidez, a ponderação se a vida em desenvolvimento estaria mais bem assegurada por meio do castigo ou da desoneração da mãe. Como quer que se pense sobre isso, é encargo da sociedade reduzir tais conflitos por meio da sua solidariedade do que acabar com eles cirurgicamente.

Uma questão muito discutida hoje é quando de fato inicia a vida de um ser humano. Um óvulo fecundado, um embrião, é um ser vivo humano. Por essa razão, a pergunta se deve ser protegida uma vida humana que se desenvolve para além desse estágio não pode ser respondida negativamente. Fica a pergunta pela força desse dever de proteção e se ele deve ser sopesado com o bem "saúde" – do próprio embrião ou daqueles que um dia quererão tirar proveito do resultado medicinal da utilização de embriões –, de tal maneira que passe para o segundo plano. Esta pergunta deve receber uma resposta negativa, porque não há proteção à vida que possa renunciar ao esforço pela salvação da vida, a não ser quando é necessário escolher entre uma vida e outra. As nossas leis não correspondem a isso em todos os casos imagináveis, mas até o momento ao menos uma saída legal foi mantida no sentido da proteção à vida. Caso se colocasse à disposição ou se produzisse embriões particularmente em função de vantagens advindas da seleção ou para o uso na pesquisa, cerraríamos propositalmente essa saída.

A loteria da natureza não conhece essa intenção de proteger a vida ou de proteger a formação do ser humano; ela é moralmente cega. A proibição de matar nos abre os olhos para a nossa responsabilidade e seu critério: a proteção da formação do ser humano em cada ser vivo humano em particular (cf. capítulo III, 2: Perspectivas da dignidade humana).

VI

POLÍTICA E MORAL[1]

1. Política e moral – contradição?

A moral é utilizada com predileção como arma na profissão política. Quando surgem defeitos de conduta na vida pessoal, na "political correctness (postura, conduta politicamente correta)", no trato com o público ou na probidade profissional, gosta-se de empregá-los contra o adversário político ou até para favorecer a própria carreira política. Os critérios que ocasionalmente se utiliza para fazer isso muitas vezes não são preenchidos nem pelos que se valem deles, de modo que facilmente se sente um ressaibo de hipocri-

---

[1] Cf. S. H. PFÜRTNER. *Politik und Gewissen – Gewissen und Politik*. Zürich/Einsiedeln/Köln, 1976; O. HÖFFE. *Ethik und Politik*. 4 ed. Frankfurt/M., 1992.

sia por ocasião do uso das "clavas morais" politicamente aplicáveis.

"No amor e na política tudo é permitido": este ditado arrojado coloca, na estratégia, o êxito acima dos meios com que se alcança esse êxito. "O fim justifica os meios": isto parece combinar bem com essa opção estratégica. "O que importa é o resultado disso tudo." Uma moral que vincula mentalidade com responsabilidade pouco tem a ver com isso. "Política é negócio sujo." "De vez em quando, é preciso passar a perna." Trata-se igualmente de ditados que empreendem a fuga para frente. "Com moral não se consegue nada que valha a pena": este ditado associa o êxito político com o resultado lucrativo nos negócios.

Além disso, parece que a política se desenrola em dois níveis: um dos níveis é o jogo real de poder e imposição, o outro é a maneira como se informa sobre ele ou como se produz uma controvérsia "simbólica" sobre ele, que antes obscurece a verdadeira questão, em vez de torná-la transparente. Discute-se a guerra justa e a intervenção militar para prevenir massacres, mas na realidade trata-se (ao menos também) de poder econômico e esferas imperiais de influência. Ou discute-se sobre como salvar o Estado social. Na realidade, trata-se de como se pode restringi-lo para proporcionar mais espaços de manobra para os que detêm o poder.

Isso deixa claro que a política se orienta no poder, seja na obtenção de poder, seja na adaptação a poderes previamente existentes, visando a conseguir ou preservar o máximo de poder possível. Porém, finalidades de poder e moral facilmente entram em conflito, sobretudo porque esperamos da pessoa moral que ela equilibre e, se necessário, domine seus instintos de poder com o auxílio da responsabilidade ética. Essa expectativa seria uma ilusão que leva diretamente à corrupção, já que cada um é obrigado a agir de tal maneira que venha ao encontro dessa expectativa, ao passo que, na realidade, pratica o "business as usual"?

Muitas vezes já se mostrou como se faz política unicamente em função do poder e sem escrúpulos éticos. No reverso disso, porém, está a experiência de que se necessita a ética para saber o que é correto. Como a política atua no interior de instituições e com referência a elas, ela deve almejar instituições corretas, o que obviamente quer dizer instituições justas. Pode até acontecer que a base ética desse almejar continue a ser exigida – pois na justiça as instituições corretas e o agir correto dentro delas e em relação a elas coincidem –, mesmo que a estratégia não examine com tanta acuidade, do ponto de vista ético, os meios para chegar a tais instituições ou defendê-las. Em relação a isso, gosta-se de apresentar um exemplo: um político tem de ser pessoalmente justo e moral íntegro para fazer as melhores leis? A resposta fatalmente será "não". Por essa razão, não deveríamos nos espantar demais pelo fato de, no caso dos políticos, a avaliação dos fins e a avaliação dos meios divergirem. Assim, os eleitores e as eleitoras democráticos confrontam-se freqüentemente com a pergunta se devem eleger aqueles que, no seu parecer, garantem as instituições e as medidas políticas corretas, mas que, em função da eficiência, não são muito exigentes quanto aos meios de que se valem ou se devem eleger aqueles que aplicam os mesmos critérios tanto para os fins quanto para os meios. Neste ponto, a eficiência política em questões sociais importantes, inclusive a serem apoiadas eticamente, é jogada contra a integridade política.

A diferença pode ser esclarecida por meio de um exemplo simples: a falta cometida no jogo de futebol. Quem desejar a vitória de seu time se resignará com as faltas táticas que ele comete, sim, até tentará, como fazem alguns repórteres, medir pelas faltas cometidas a seriedade do empenho da equipe. A infração calculada, qualificada de "inteligente" – qualquer outra coisa o repórter chama de falta "boba" ou "desnecessária" –, evidentemente faz parte da liberdade dos lances no jogo, mesmo que as regras do jogo a condenem e nisso, por sua vez, resida um risco para a eficiência do próprio jogo, porque, dependendo das circunstâncias, de repente o time terá de se virar com um jogador a menos.

Então confere que, quando estamos no papel do ator político, precisamos de qualquer maneira nos adequar à sentença "os bons fins justificam os maus meios", como fazem os que praticam esporte de equipe? Neste caso, a arma da moral, nos termos da hipocrisia já mencionada, nada mais seria que o dito dos professores já em voga na época em que eu freqüentava a escola: é claro que se pode "colar"; o que não se pode é ser flagrado no ato.

Quem pensar assim logo acabará num tipo de derrotismo moral, que julga, por exemplo, segundo o seguinte princípio: na política, só se pode avaliar os fins como corretos ou falsos; em relação aos meios, a eficiência estratégica é mais importante da atitude moralmente correta. Porque, caso contrário, não se alcançaria ou se postergaria os fins que se identificou como corretos. E isso é algo que não se pode querer por razões de obrigatoriedade das instituições corretas, isto é, por razões de responsabilidade moral. Mas vejamos o reverso: quem se habituar com meios que não estão à altura dos mesmos critérios aplicados ao fim, mas que paradoxalmente revogam esses critérios para levar os meios ao êxito, mais cedo ou mais tarde esquecerá os critérios pelos quais um dia se apresentou, porque na luta política ele estará prioritariamente ocupado com os meios – então, no final, restará de fato somente o "negócio sujo" ou "business as usual".

Nisso se observa a qualidade exigida do indivíduo que atua politicamente. Exige-se dele que estipule os fins corretos, tenha integridade pessoal e prudência estratégica. A "medida a olho" requerida nesse tocante deve estabelecer a relação adequada entre todas essas exigências. É claro que, em vista da finitude e falibilidade que, quer queiramos quer não, são próprias do ser humano, não faltarão erros e falhas morais. Do público e de cidadãs e cidadãos bem informados se exige, em contrapartida, que chamem de falso o que é falso, no que se refere aos fins tanto quanto aos meios, mas que simultaneamente estejam dispostos a perdoar falhas admitidas e fraquezas morais. Pois a hipocrisia e a corrupção conseguem medrar somente onde não é mais possível falar uma palavra sincera sobre as próprias falhas e fraquezas, porque isso representaria a sentença de morte política. Nesse ponto, tem início o ciclo da falta de credibilidade.

"Culpados são todos, só que não há mais ninguém que absolva." Assim Albert Camus descreveu essa situação. No fundo, o que está em jogo aqui é a dimensão pública da política, o quarto poder no Estado democrático. O manejo das categorias morais na atuação estratégica, que visa ao poder, exige comedimento, sensibilidade e honradez a um só tempo. Essas virtudes não se apresentam como um obstáculo à eficiência estratégica e à habilidade tática; pelo contrário, elas podem até estimular esses dois requisitos. Um efeito igualmente estimulante tem o que chamamos de "political correctness" e que se pode conceber mais ou menos como regras de decência da atuação pública na política.

2. *Political correctness*

No romance *Grand Avenue*, Joy Fielding descreve uma sessão de seminário, em cujo encerramento o professor diz: "(...) a nota do relato expositivo equivalerá a 25% da sua nota semestral. Mulheres com seios grandes", continuou ele, piscando o olho, "naturalmente já estão automaticamente aprovadas". Quando Susan, uma das estudantes, vai tirar satisfações dele por causa dessa declaração, ele responde: "Não creio que no seu caso haja com que se preocupar. (...) As medidas do seu busto me parecem suficientemente fartas para ser aprovada no seminário". Susan insiste em que ele se desculpe e obtém a seguinte resposta: "Eu sei, estamos vivendo nos anos 80 e o movimento das mulheres está dando um sufoco na sã inteligência humana, mas convenhamos, Susan, você não tem mesmo nenhum pingo de humor?" "Em todo caso, não do seu", respondeu Susan.[2]

Histórias desse tipo mostram o quanto a "political correctness" está vinculada com o que antigamente era chamado de "regras de decência". Todavia, as regras de decência existiam mais para regular formas de tratamento, rituais e costumes à mesa. Elas conquistaram o espaço político quando renunciaram em maior ou menor grau às convenções internas, interpessoais, em certa medida não públicas. O sistema ordenador da vida privada, que, a não ser por alguns rudimentos inevitáveis, se desfez em formas do gosto pessoal, teve seu lugar ocupado pelo *comment [comentário, falatório]* público, político. Na ordem antiga, era preciso submeter-se à rela-

---

[2] J. FIELDING. *Nur wenn du mich liebst.* München, 2002, p. 80. (Em inglês: *Grand Avenue.* Doubleday, 2001.)

ção entre superior e inferior – isto deveria ser resultado da boa educação dada à criança desde o berço. "Decência, ordem e asseio" eram três regras básicas de decência que tínhamos de declamar na sala de aula dos anos cinqüenta do século 20. Na nova ordem, está em jogo algo diferente: a proibição da discriminação social, mais ou menos pública. E essa proibição se refere sobretudo ao ato de falar ou aos atos de linguagem.

A discriminação com base na cor da pele, no sexo, na religião, em deficiências, na idade e na aparência consiste em cada caso em generalizações "de cima para baixo", quando determinadas características, problemas e modos de reagir são presumidos. A "political correctness" ocupa a função de assegurar os direitos humanos no campo avançado. Porque a decência é a divisa do princípio ético. Com essas regras de decência este é transposto das alturas para o cotidiano. A naturalidade com que se pode esperar censura e sanção social no caso de uma transgressão reduz o tempo que normalmente se necessitaria para classificar eticamente essa transgressão. A pergunta pela justeza de algo se torna dispensável em vista do hábito social progressivo de ater-se a determinadas regras que são objeto de reflexão permanente e em relação às quais não é necessário rever, em cada caso particular, todas as decisões já tomadas.

Ademais, a "political correctness" respeita as diferentes opções de vida, que ao mesmo tempo colocam muitas formas de comportamento sob a responsabilidade privada e não querem normatizá-las. Nesse ponto, respeita-se a opção de seguir suas próprias convicções. Mais precisamente, a partir dessa visão, não se faria questão de considerar o véu islâmico como um problema público. Antes disso, seria necessário ver no véu uma expressão política, o que não entraria em cogitação, por exemplo, no caso de uma montanhesa bávara que vi recentemente na estação ferroviária de Bad Tölz.

Expressão da "political correctness" é assegurar a cada pessoa seu espaço de liberdade pessoal. "Ele apenas fez o que achava certo": esta fórmula atenuante, freqüentemente usada nos melodramas televisivos norte-americanos para designar alguém que destoa ou que escolheu um caminho próprio, corresponde bem à concentração da decência no politicamente correto. Pode-se ver isso como um progresso ou então lamentar uma perda de normatividade interpessoal no espaço privado – o que não se lamentará é a mudança de "humor" que isso traz, como mostra a história contada no início.

Pois o humor que não necessita de *civil courage*, feito a partir da posição de poder que pode ou acha que se pode permitir essa postura, não é o "se bem que" que produz a gargalhada libertadora. Quanto a isso, portanto, não há razão para não fomentar a decência que trajou a veste pública da "political correctness", a não ser que ela se expusesse ao perigo da hipocrisia, da qual freqüentemente meras regras de decência se tornam vítimas quando não estão munidas das motivações e comprovações corretas.

O que nos leva para além da mera decência política é a ação política relativa à comunidade. Esta desde sempre já vem associada com a virtude da solidariedade, que simultaneamente é considerada como critério das instituições do Estado social. O que significa, nesses termos ético-políticos, agir solidariamente?

3. O agir solidário[3]

Solidariedade é uma palavra freqüente na boca dos políticos. Mas, nesse caso, solidariedade com os desempregados pode significar que mais pessoas serão chamadas a contribuir, que os postos de trabalho se tornarão mais vulneráveis a demissões e os serviços de assistência aos desempregados serão reduzidos. Isso tudo com o objetivo de desonerar as forças produtivas da economia, para assim atingir um crescimento maior, do qual se espera que não venha a engordar ainda mais as contas dos ricos, mas venha a gerar novos postos de trabalho. Uma garantia para isso não é dada, pois a meta econômica é, com cada vez menos trabalho, obter cada vez mais produtividade, não com o suor das pessoas, mas "com o suor das máquinas" (Ingeborg Bachmann). Essas perspectivas não são muito alentadoras, mas, como se diz com freqüência, não há outra alternativa. Arrecada-se embaixo, reparte-se para cima – é isso que significa solidariedade?

---

[3] Cf. C. Hübenthal. "Solidarität", in: H. Krebs, M. Kühn (Eds.). *Vorteil Solidarität*. Düsseldorf, 2000, p. 7-42; D. Mieth. "Sozialethik", in: M. Düwell, C. Hübenthal, M. H. Werner (Eds.). *Handbuch Ethik*. Stuttgart, 2002, p. 500-504.

Ou ao inverso: a insistência na estabilidade dos postos de trabalho, a manutenção dos elevados encargos adicionais dos salários, a garantia de ser amparado por uma rede social – é isso que significa solidariedade com aqueles que caem fora desse sistema por um longo período?

Ou a solidariedade não seria nada além do vínculo das pessoas de uma sociedade ao assim chamado bem comum, isto é, ao destino comum, à pertença recíproca também em condições adversas, a um bem-estar do todo que representa mais do que a sensação de conforto do indivíduo? Há duas maneiras de entender o bem comum. De um lado, a variante utilitarista ou ocasionalmente "nacionalista", segundo a qual o maior bem possível para o maior número possível de pessoas é mais decisivo do que o bem do indivíduo. Do outro lado, uma variante baseada nos direitos humanos, segundo a qual o bem comum democrático consiste na soma das garantias de dignidade humana e de direitos humanos. Isso quer dizer que, em nome do bem comum, devemos nos empenhar pelos direitos do indivíduo.

É evidente que o conceito de solidariedade é diferente em cada um dos casos. No primeiro caso, parte-se antes de um tipo de solidariedade obrigatória, que, em caso de conflito, pode restringir também os direitos do indivíduo; no segundo caso, parte-se de uma solidariedade que ganha corpo em meio às forças sociais livres e exerce influência sobre o bem comum como soma dos direitos. Porém, a asseguração dos direitos também está ciente de suas solidariedades obrigatórias, por exemplo, no caso de ameaça de epidemia ou terror.

Ou com solidariedade não se pode mais "fazer uma boa figura", porque solidariedade nada mais seria que fraternidade cordial (irmanação) de todas as pessoas, ou seja, um apelo por mais humanidade, ou porque solidariedade seria algo como o amor ao próximo cristão de cunho privado, a ser praticado em associações e igrejas, mas não a ser garantido por lei? Em vez de promulgar ou manter leis sociais, que tal organizar ações beneficentes, engajar-se pessoalmente?

Ser solidários é o que devemos ser, é o que queremos ser, mas como fazer para sê-lo? Em primeiro lugar, é preciso ter claro que a união em torno de objetivos comuns repousa numa experiência comum de injustiça e prejuízo sofridos. É por isso que, no século 19, a solidariedade tinha o seu contexto no movimento operário. Solidárias são as pessoas que passaram por uma experiência comum de contraste com situações dadas ou iminentes e que querem modificá-las ou que querem manter situações que estão sendo ameaçadas. Portanto, por sua própria natureza, a solidariedade vem "de baixo" e abrange, em primeira linha, os próprios implicados e os coloca de prontidão para a ação. Já que, em zonas da sociedade com pouco poder, a capacidade de ação é muito restrita, a solidariedade também constitui um apelo aos poderosos para que ampliem a capacidade de ação dos implicados.

A melhor definição para essa união em torno de objetivos comuns é a da "co-solidariedade", porque nesse caso a união é fomentada por uma comoção comum em virtude da mesma situação. O apoio oferecido por aquelas pessoas que não foram pessoalmente prejudicadas de forma direta, mas que se sentiram atingidas moralmente, pode ser encarado, por sua vez, como um tipo de "pró-solidariedade". A aliança entre "co-solidariedade" e "pró-solidariedade" freqüentemente é bem-sucedida porque consegue pressionar para que mais justiça social seja introduzida ou, em caso de ameaça a ela, seja mantida. Sendo assim, a solidariedade deve ser entendida também como luta por justiça, em parte para lograr estabelecer na prática o que já foi reconhecido como justo, mas ainda não foi executado (como o mesmo salário pelo mesmo trabalho para mulheres e homens), em parte para identificar, com base na experiência dessa luta, estruturas justas que possam ser praticadas. Porque a práxis é o lugar de onde a teoria da práxis obtém o seu conhecimento.

Em vista disso, a solidariedade, por um lado, faz parte do cenário movimentado dos conflitos que ocorrem na sociedade e, por outro lado, ela é uma fonte da dinâmica do Estado de direito (ou também de sua capacidade de persistência em caso de ameaça). Solidariedade e justiça se diferenciam como luta e concepção, mas estão ligadas uma à outra e não podem ser separadas.

Portanto, quem se empenha por agir solidariamente busca estratégias para minorar injustiças e desenvolver idéias de justiça para todos. A pergunta "como posso agir solidariamente?" é, portanto, dirigida a mim mesmo: qual é a minha posição, onde me enquadro, que injustiça quero combater com que parceiro e que noções da concepção prática de justiça obtenho com isso?

A solidariedade é um lugar de aprendizado prático, no qual também são requeridas certas atitudes em prol do comunitário, que podem iniciar em escolas ou em campos de trabalho.

Essas atitudes são as seguintes: autonomia como capacidade de assumir livremente um compromisso pessoal; capacidade para o conflito como firmeza em conflitos chegando até à *civil courage*; e, por fim, a capacidade de cooperação como capacidade de trabalhar em equipe, capacidade de trabalho conjunto e diálogo com quem pensa diferente.

Quanto mais a justiça tiver se tornado a "virtude das instituições", ou seja, quanto mais peso tiver, em primeira linha, não o indivíduo justo, mas a justiça das estruturas de uma sociedade, tanto mais a "solidariedade" se torna uma tarefa do indivíduo e de iniciativas organizadas por grupos, como que um contrapeso social para a justiça do Estado, um lugar de desenvolvimento e verificação de valores, uma afirmação prática dos direitos humanos.

É interessante notar que falamos de *direitos* humanos, mas de *deveres* de solidariedade. Essa diferença aponta simultaneamente para o contexto: a solidariedade é algo como o aspecto do comprometimento da justiça social no caso concreto – a sua contribuição ética para a justiça social.

POLÍTICA E MORAL

A necessidade da solidariedade é acentuada por muitas religiões. As religiões de fato têm alguma relevância para a ética? (cf. ademais o capítulo VIII).

4. Lidar com a culpa não resolvida

O dilema

Lidar com culpa é, por um lado, inevitável e, por outro, complicado e incômodo. Lidar com a história alemã de culpa pela guerra e pelo genocídio é inevitável, porque não é possível simplesmente guardar essa história no museu das histórias de culpa dos povos – embora também para isso estejam sendo construídos museus e monumentos. Lidar com a história alemã de culpa é complicado, porque se pode correr muitos perigos: o de cair num mero ritual com seus eventos obrigatórios, de funcionar como um mero álibi, de cair numa inflação niveladora, numa generalização abstrata, num triunfalismo ao contrário (nós somos os piores e, por isso, os que advertem o mundo), num derrotismo – tudo isso são perigos que não se pode simplesmente contornar ou evitar, mas que se tem de correr para que a força motriz de uma lembrança surta efeito, uma lembrança que não está imobilizada, mas que continua influenciando o agir das pessoas.

Lidar com essa culpa é incômodo porque, ao que parece, nenhuma "normalidade" pode resultar disso, do tipo que julgamos observar em nossos vizinhos europeus em sua relação com sua própria história de culpa: a normalidade da interação entre recordar e esquecer. Porque, como constatou Nietzsche em seu escrito *Da utilidade e desvantagem da história para a vida,* junto com a recordação precisamos também do esquecimento, senão todas as coisas passadas seriam igualmente significativas.

Recordar e esquecer

Junto com o recordar é preciso esquecer. Como mostrou claramente Martin Walser – cuja intenção posso entender, sem pretender com isso concordar com ela – nas suas histórias da infância, sobre a recordação das ações capitais e estatais paira a ameaça do esquecimento da continuidade do bem-viver no contexto errado, algo que sempre existe e cuja recordação nós também necessitamos. Para recordar as coisas grandes, temos de esquecer as pequenas. A ternura da família parece ter sido envenenada pelas palavras de ordem dos nazistas. Não há consciência autêntica em meio ao que está errado: este é o mote propalado por Adorno. E, no entanto, esse mote não pode ser verdadeiro. Por acaso não estamos vivendo hoje também em meio ao errado, dito singelamente, no assim chamado Primeiro Mundo à custa do assim chamado Terceiro Mundo? Em muitos lugares, as pessoas estão morrendo como moscas. Diante disso, que direito teríamos ainda de cultivar, em nosso cotidiano, a continuidade dos valores?

A diferença não estaria somente na nacionalização de histórias de culpa em contraposição à atual globalização de histórias de culpa? Hoje em dia o mundo atinge a nossa consciência de maneira bem mais direta do que há setenta anos. A nação não é mais o vestido rodado com que se representa algo, mas a roupa do corpo. A sociedade mundial está chegando, mesmo que nesse processo não sejam favorecidas apenas as miscigenações transculturais, mas também fiquem evidentes e bem próximas as diferenças existentes. Como membros dessa sociedade, estamos mais próximos da culpa global – ao mesmo tempo, a conclamação a recordar as histórias nacionais de culpa pode ser comparada de fato ao estabelecimento de um sistema de advertência: a história não se reproduz, mas ela pode perfeitamente repetir-se com variantes. O que, então, devemos recordar e o que devemos esquecer? Não é possível responder a essa pergunta em termos de normas objetivas. A pluralidade do recordar e do esquecer, contudo, possibilita que pouca coisa se perca da memória perigosa de que necessitamos para o presente e o futuro. Tampouco deveríamos esquecer o bom e o verdadeiro em meio ao errado. Pois o que também esperamos é que o bom e o verdadeiro em meio ao errado do presente não sejam esquecidos em função do que está errado. Quanto a isso Martin Walser tem razão, mas não em que, desse modo, chegaríamos novamente à "normalidade". Porque não é possível amenizar a monstruosidade da culpa histórica. Para lidar com ela, deveríamos lançar mão de outros meios do que os da relativização, mas também prestar atenção para não despachar a culpa "para cima" por meio da metafísica da monstruosidade.

Malfeitores e vítimas

É verdade que hoje já se constata uma alteração na disposição, compreensível no início, de fazer uma nítida distinção entre malfeitores e vítimas. No livro *A terra do meu pai – história de uma família alemã*,[4] Wibke Bruhns mostra, tomando como exemplo o seu pai Hans-Georg Klamroth, que combateu do lado da resistência, que aqueles que se converteram à luta contra o nacional-socialismo muitas vezes haviam sido os pioneiros daquilo que mais tarde combateram. Será que isso poderia ser ampliado? Quando leio as poucas cartas de meu pai, que tombou na guerra e que, já antes de 1933, havia-se tornado nazista (num amálgama de nacionalismo e romantismo social nas SA),[5] ou seja, não era apenas alguém que estava formalmente inscrito, então vejo uma pessoa cujas virtudes atinentes à família contradizem o seu terrível desencaminhamento. Ainda posso conferir hoje esses desencaminhamentos nas preleções jurídicas, que a minha mãe anotou em Berlim para ele, o soldado que

---

[4] W. Bruhns. *Meines Vaters Land. Geschichte einer deutschen Familie.* München, 2004.

[5] N. T. Abreviatura de *Sturmabteilung*, uma espécie de "tropa de choque" política do partido nazista alemão.

pretendia continuar estudando. Meu pai, por recomendação de sua esposa, chegou a escrever, no jornal *Völkischer Beobachter*, uma recensão ao livro *Der Großtyrann und das Gericht [O grão-tirano e o julgamento]*, de Werner Bergengruen, *em defesa deste*? Provavelmente teremos de levar mais a sério as nossas próprias contradições em termos de mentalidade e percepção, se quisermos entender essas esquizofrenias. Uma penca de intelectuais, cientistas, filósofos, escritores, artistas vivia acomodado nos templos nazistas. Talvez seja essa seduzibilidade do espírito que não devamos esquecer. Ela não transforma os malfeitores em vítimas, mas nos adverte para não nos identificar com pessoas do passado num ponto em que saíram ilesas. Além disso, precisamos ampliar os papéis: aos que foram colateralmente prejudicados, aos que se aproveitaram da situação. Não é sem motivo que atualmente há herdeiros daqueles que foram favorecidos economicamente pela perseguição aos judeus a partir de 1933 que ocasionalmente dão sinais de não quererem estar na condição de usufrutuários tardios.

Como isso foi possível? Como impedir que algo assim comece?

As pessoas com "a graça do nascimento tardio" (Helmut Kohl) confrontam-se com a pergunta: como isso foi possível? Como impedir que algo assim comece? É inquestionável que o anti-semitismo teve grande importância na história do cristianismo, já antes de todo o racismo biológico. É uma infâmia atualizar de tal maneira os ressentimentos dos evangelhos contra determinados grupos de poder entre os judeus daquela época que se igualam a eles todos os judeus daquela época e até os judeus de épocas posteriores. Temos de considerar os implicados num contexto histórico específico e sob pressupostos bem determinados de composição comunitária. Não devemos fazer o que se fez sob aqueles pressupostos: sistematizar e generalizar teologicamente. Mas foi justamente isso que o cristianismo reiteradamente fez, no mais tardar a partir das cruzadas. Ele inclusive abusou disso liturgicamente na semana da paixão, o que só foi corrigido com a reforma da liturgia.

Tudo isso acontece ainda hoje quando se roda uma droga de filme *kitsch*, vestido com uma aparente verdade histórica sobre o sofrimento de Jesus (de Mel Gibson), que se isenta de qualquer problema por se reportar de maneira direta aos evangelhos e suas línguas.

O novo anti-semitismo é um contexto em que ninguém pode se isentar ingenuamente de culpa. O recordar errôneo da morte na cruz, reprimir, amenizar e comparar já não seria uma forma de preparar a cumplicidade no ato?

Disso tudo se deve diferenciar a seguinte pergunta: onde tem continuidade hoje aquilo que recordamos como supra-sumo da desumanidade? Se levantarmos essa pergunta em relação ao presente e ao futuro, não poderemos dizer isto: o que agora é possível em termos de desumanidade não pode ser relacionado com o passado que recordamos, porque este é incomparável. Pois não podemos reconhecer de antemão a dimensão daquilo em que poderemos nos meter. Por essa razão, a pergunta "como isso foi possível?" sempre já implica também as perguntas: "Como isso *é* possível? O que *será* possível?".

Como isso foi e é possível? Isso se pergunta também em vista de 4.500 processos por abuso de menores cometidos por celibatários nos EUA nas últimas décadas.

Como isso é possível? É o que se pergunta em vista das novas formas de eugenia e da brincadeira de idéias com o "transumanismo", segundo o qual nós produziremos uma nova criação à custa da antiga, seja com base na genética, seja com base na intervenção neurológica e bioinformática. Muitas vezes se diz que se está apenas brincando com as idéias. Mas muitas vezes também já ouvimos dizer: "Ninguém sabe, ninguém pode, ninguém quer fazer isso". E alguns anos depois se sabia, se podia e se queria.

Como isso é possível? É o que se pergunta em vista do renascimento da violência por motivos religiosos, a qual não tem respaldo nas fontes das religiões, mas que rapidamente entra em acordo com interesses e ressentimentos políticos.

Muitas vezes a resposta a isso não é simples; tampouco é fácil saber qual a conclusão que se deve tirar, em termos morais, da resistência a essa violência. A culpa facilmente se oculta sob as vestes da complexidade, que todavia muitas vezes nada mais é que "as roupas novas do rei". Com freqüência se tenta conciliar a continuidade dos valores com sua transformação mediante uma maior mobilidade, ou seja, quando se teme não ser bem-sucedido com a constância.

Isso nada mais é que a quadratura do círculo. Substituir resistência por agilidade não é a melhor coisa a fazer.

Outro problema é a necessidade de registrar a já mencionada incomparabilidade de Auschwitz.

Por um lado, tratar Auschwitz como algo singular leva a que ele seja sublimado na metafísica do mal. Nesse caso, ele é concebido, do ponto de vista teológico, a um só tempo, como evento histórico e como evento meta-histórico. Feito isso, nem mesmo a morte de Cristo na cruz, nem mesmo o sofrimento do servo de Deus no sentido neotestamentário, conseguem se equiparar a ele em termos de evento meta-histórico. Diante disso, não deixa de ser coerente e correto conferir ao judaísmo de Jesus um novo peso teológico. Mas, ao mesmo tempo, a metafísica do mal representa um desaparecimento do mal em esferas mais elevadas. Isso significa uma desvalorização da moeda familiar que os noticiários nos fornecem diariamente. Nós, então, nos escondemos, quanto à nossa responsabilidade, atrás da reflexão metafísica. Se Auschwitz deve nos servir de advertência, esta, por um lado, não pode ficar restrita ao problema do anti-semitismo. Por outro lado, ela não pode acentuar de tal maneira a sua singularidade que imaginemos, só por isso, estar imunes às variantes do homicídio.

Lidar com culpa mediante a "interrupção"

Tentei direcionar a maneira de lidar com a culpa, em primeiro lugar, para os problemas relacionados com a recordação, a advertência e a resistência. Mas esta não é a única perspectiva. Uma outra tem em vista a conexão entre perdão e retribuição. A retribuição correta é a mudança; o perdão correto visa à mudança. Mudança significa interrupção do ciclo que surge porque sempre se usa o mal do outro para justificar o próprio mal. A contaminação pelo negativo pode ocorrer até na negação do negativo, a saber, quando se combate o negativo com os mesmos meios de que ele se utiliza. Nesse caso, o mal tem continuidade na resistência a ele. Defesa e retribuição são locais de continuidade do negativo: a negação "determinada" pelo negativo (Hegel). Pode-se identificar essas conseqüências no terrorismo e na luta contra o terrorismo, que, por exemplo, revoga os direitos humanos. Pode até ser temporariamente inevitável que a resistência siga determinações do negativo que ela combate, mas elas devem ter um limite e devem ser superadas. Em todo o caso, o ônus da prova está com elas. Com certeza é preciso considerar que, sem resistência, o mal terá continuidade – mas, o que muitas vezes se esquece é que ele tem continuidade mediante a resistência. Essa continuidade precisa ser interrompida.

Nesse ponto, atingimos os limites da nossa finitude e das nossas possibilidades morais como pessoas finitas, passíveis de falhar. Esse limite é reconhecido no perdão que supera o "olho por olho" e o "assim como você age comigo, assim eu ajo com você" sem embelezar ou relativizar o malfeito. Numa concepção de sociedade pautada pelos direitos humanos, o perdão não constitui um ato de misericórdia do rei, mas sua intenção reside na interrupção da continuidade da violência e no indicativo que ele dá nessa direção. Para que isso seja possível, a verdade deve vir à luz.

Tratou-se de uma invenção e uma providência especial o fato de, na África do Sul, ter sido instituída uma "Comissão da verdade". Algo assim teria sido necessário após a segunda guerra mundial, ainda que de forma diferente, porque quem estava envolvido de uma ou de outra maneira na guerra formava uma sociedade (praticamente) fechada. O tecido era feito de uma só peça, o que não permitia cortá-lo por suas costuras. Isso não significa que cada pessoa do povo tenha seguido o *Führer* e as ideologias nazistas. Os exemplos em contrário são bem conhecidos. Mas eles representam de fato apenas uma minoria. Isso se pode compreender cognitivamente sem que, por isso, o anseio pela verdade se perca. O perdão precisa da verdade e, sem esta, ele nada mais é que dissimulação.

Porém, a comissão da verdade não pode ser puramente histórica. Isentados da culpabilidade globalizada dos dias de hoje como parte dessa verdade nós seríamos híbridos se quiséssemos perdoar ou fazer com que outros perdoem.

Uma reavaliação da culpa?

A culpa moral do indivíduo, mesmo que tenha sido perdoada, não está encerrada no ponto de vista histórico, porque ela continua tendo influência sobre a sua vida. Temos o controle sobre bem poucas conseqüências de nosso agir em relação a nós mesmos e em relação a outros. A culpa histórica, na qual o fracasso moral, os malfeitos e o horror se encontram amalgamados, está tanto menos encerrada.

Todavia, ela é um processo que também passa por reavaliações. Mas quais delas são admissíveis? Inadmissível certamente é a tentativa da comparação relativizadora. Pense-se, por exemplo, no genocídio cometido pelos turcos na Armênia, ao qual ocasionalmente se recorre, e que com certeza precisará ser digerido e deplorado por uma nação inteira. Auschwitz não deve lançar sombras para encobrir outros malfeitos. Mas ele tampouco deve poder ocultar-se na sombra da história dos genocídios, lamentavelmente já tão longa, à qual o século 20 acrescentou tantos elementos. Uma avaliação que busca para si mesma um critério histórico abrangente para todos esses horrores de qualquer modo está fadada ao fracasso.

Diante disso, é mais fácil falar teologicamente sobre culpa do que classificar moralmente a sua dimensão. Porque a compreensão teológica de culpa confessa a incapacidade humana. Porém, tornamos as coisas fáceis demais se ficarmos nisso. A sensibilidade especial que o famoso filósofo e moralista francês Paul Ricoeur demonstrou para com os alemães há alguns anos numa entrevista não se apresentou na forma de uma distinção moral (cf. acima triunfalismo negativo), mas de uma demanda histórica. Isso pode ser especialmente bem reconhecido nas assim chamadas bioética e biopolítica. Podemos sentir-nos agredidos quando outros na Europa e no mundo nos dizem que, devido à nossa história, devemos lidar de modo particularmente restritivo com certas opções científicas. Todavia, os argumentos são válidos independentemente do motivo que talvez os tenha despertado. Isto é, não sabemos mais que os outros pelo fato de nossa história nos admoestar, mas nós sabemos que muitas vezes não é tão fácil assim reconhecer o início e impedi-lo a tempo. Essa atenção para possíveis inícios não deveria ser discriminada.

5. O empenho por critérios de valor universais em vista dos desafios globais[6]

Com a globalização, a ética ingressou numa nova dimensão da discussão sobre a moral controvertida. Essa discussão é marcada particularmente por vários fatores: pela aplicação acelerada da transformação técnica; pela necessidade de critérios de valor interculturais, que contrasta singularmente com a individualização progressi-

---

[6] Cf. K. -J. Kuschel, D. Mieth (Eds.). "Auf der Suche nach universalen Werten". *Concilium*, v. 37, n. 4, out./2001.

va da nossa cultura ocidental; pelos sonhos que não mais provêm da religião, mas da ciência. O fato de a moral do futuro necessitar de um entendimento em nível mundial leva a redobrar os esforços éticos.

O fator "tempo" em vista da aceleração técnica global

A ética precisa de tempo, sobretudo quando deve refletir sobre a moral controvertida. Isto vale também para a organização da vida individual. Se neste ponto o tempo que dispomos para refletir é abreviado, podemos lançar mão de decisões precipitadas e, conseqüentemente, não amadurecidas. A rápida mudança em vista da globalização técnica e econômica, que obriga a uma participação ativa nessa mudança, consome o tempo que se necessita para a reflexão. As assim chamadas moratórias mostram que esse fato é perfeitamente reconhecido. No caso da moratória, por exemplo, especialistas em progresso técnico, Estados isolados ou uma união de Estados se comprometem a primeiramente clarear conseqüências negativas ou até conflitos de valor que possivelmente possam surgir. É claro que esse tipo de esclarecimento sempre já está vinculado a uma implementação inicial do progresso. Desse modo, este não perde a vantagem obtida em relação à reflexão ética. O ponto de partida desta caduca rápido em virtude de novas descobertas, factibilidades e opções. Por essa razão, a ética precisa levar em conta particularmente o fator "tempo" e discutir formas de aceleração ou desaceleração. O predomínio do modelo ocidental de sociedade levou ao predomínio do motivo do progresso na nossa era pós-moderna. Isso pode ser observado na aceleração de nosso tempo.

Essa aceleração já nos atropelou na assim chamada era atômica. Na esperança de que a exploração pacífica da energia atômica produziria calor e energia para todos e, em conseqüência, ofereceria melhores condições para operacionalizar a repartição dos bens desta terra, promovemos uma aceleração da produção de energia atômica. Entrementes estamos desacelerando esse processo. Nesse fato, fica claro como um desenvolvimento tecnológico atropelou a sociedade e fica claro também que ainda não foi encontrada uma solução para o problema que constantemente o acompanhou, a saber, o de como se livrar do lixo atômico ou onde depositá-lo definitivamente. Como entrementes, já se admite amplamente que ainda não foi encontrada uma resposta satisfatória para essa questão, partiu-se para a desaceleração, sim, até para a reversão. Contudo, enquanto num campo se desacelera, acelera-se em outros grandes campos tecnológicos, na biotecnologia e na técnica da informação. Menciono um exemplo de cada caso: no que se refere à biotecnologia, o Senado e a Câmara dos Representantes estadunidenses decidiram, no ano de 1992, que a agricultura seria adaptada à biotecnologia, isto é, à tecnologia reprodutiva e à técnica genética. Até 1997, cerca de 40 a 60% da agricultura extensiva norte-americana havia-se adaptado à técnica genética e à técnica reprodutiva. Isso representou uma aceleração de enorme envergadura, que trouxe conseqüências imprevisíveis para o comércio mundial. Essa aceleração já de início deflagrou uma guerra comercial entre os Estados Unidos da América e a União Européia, porque a União Européia queria que esses alimentos geneticamente modificados, como, por exemplo, o milho e a soja, só pudessem ser importados se a técnica convencional fosse separada da nova técnica e ademais etiquetada de acordo, o que os norte-americanos rejeitaram reportando-se a acordos comerciais legalmente em vigor. O senador norte-americano Luggar fundamentou essa atitude, por ocasião da visita de um grupo misto de alemães (1998), dizendo que o mercado já é a moral e a regulamenta. Mas se surgissem problemas em decorrência da biotecnologia, disse ele, nesse caso "resolveremos esses problemas quando eles surgirem". Diante disso, o que nos ocorre de imediato é o exemplo da energia atômica, que mencionei anteriormente. Ele cabe também aqui: desde 1999, a aplicação da técnica genética na agricultura tem sido submetida a um acompanhamento crítico nos E.U.A. O entusiasmo dos agricultores está diminuindo, mas não há mais como engatar a marcha ré na implementação.

É possível provocar desacelerações com base em experiências e noções; mas o que no momento continua predominando é antes uma aceleração também nos casos em que uma desaceleração seria necessária. Porque a desaceleração significa que se poderia dispor de um tempo para a reflexão na sociedade, na qual se poderia comparar opções futuras que ainda não estão presentes com os atuais agravos que estamos provocando já agora.

Segundo exemplo: a técnica de informação pode possibilitar um acesso efetivo à privacidade e intimidade. As técnicas de processamento de dados possibilitam que muitos saibam sobre outras pessoas muito mais do que possivelmente lhes cabe saber. Um desses problemas é, por exemplo, a introdução de um cartão do paciente em forma de *chip* na Europa, que pode servir para que todo médico adequadamente aparelhado possa estudar o histórico de doenças do ou da paciente. Além das reconhecidas vantagens, isso traz também problemas de proteção de dados pessoais, como, por exemplo: Como são apurados os dados? Como eles são armazenados? Quem tem acesso a eles? Como são transmitidos? Como, a pedido de quem e quando eles são apagados? Podem-se introduzir aí dispositivos de segurança, inibidores, desacelerações, para que tudo isso possa acontecer responsavelmente?

A aceleração provocada pela tecnologia leva, portanto, a ponderar em que medida se precisa de retardamentos que permitam, mediante uma cultura da delonga, chegar a um patamar em que realmente seja possível discutir esse assunto em nível de sociedade. Freqüentemente, essa discussão em nível de sociedade ameaça ficar pelo caminho. É que a aceleração está associada à pressão pela participação na globalização. A técnica da informação possibilitou essa globalização. A possibilidade de fazer seu capital trabalhar desimpedido em todos os cantos do mundo surgiu por intermédio da técnica da informação. Na esteira da globalização, o processo de aplicação do capital cada vez mais se separa da produtividade.

Na esteira da globalização e com a ajuda da tecnologia, a economia tornou-se mais rápida que a política ou, através da *internet*, ela sempre já está presente quando chega a política. A lebre Política dá a volta ao mundo correndo e encontra em cada sulco o ouriço Economia. Restabelecer o primado do político sobre o econômico é uma exigência fundamental difícil de realizar. Porque, em virtude da globalização, o controle exercido pelas normas atinentes a nações isoladas ou a instituições abrangentes não pode mais ser efetivado.

Não se pode afirmar, todavia, que não haja mais nenhum controle normativo, já que firmas globalizadas já há muito tempo passaram a praticar algo como uma "ética da economia". Dispor de um código de ética é ser moderno. As firmas reconheceram que existe um ponto de eficiência em que as vendas podem ser incrementadas se ficarem comprovados certos compromissos éticos. É nesse sentido que existe também um *ethical investment [investimento ético]*. A ética de modo geral é *in* [está na moda]. Pode-se perguntar, no entanto, que ética se tem em mente com isso: ética como estimulador da eficiência econômica, ética como cartilha interna de deveres morais para colegas de trabalho ou uma ética que serve de guia para a tomada de decisões econômicas como um todo?

A busca por uma ética intercultural

Em vista da globalização nos deparamos com a seguinte contradição: quanto mais globais formos, tanto mais regionais seremos. O fortalecimento das autonomias culturais, de um lado, acontece na esteira da intensificação da globalização, do outro lado. Levar em consideração essas autonomias culturais em sociedades multiculturais representa um elemento retardador, desacelerador, no qual um eticista deve apostar: afinal, sobre muitas coisas se deve antes de tudo refletir em conjunto, e para que possamos entender as diferenças é preciso que as compartilhemos mutuamente. Justamente esse tipo de reflexão acontece na busca por uma ética intercultural, que é capaz de fazer a mediação entre as autonomias culturais e os princípios humanos gerais.

Se hoje reforçarmos a responsabilidade moral, então que o façamos particularmente entre as culturas, nos termos de uma ética intercultural. Existe uma ética mundial como critério de universalização contra o critério da globalização? A globalização já existe, a universalização ainda tem de ser criada. De acordo com Otfried Höffe, necessitamos do Estado mundial mínimo; de acordo com outros, necessitamos ao menos estruturas federativas que funcionem ou então normas para procedimentos de negociação. Necessitamos também fundamentos teóricos para determinar que autoridades republicanas devem ser instituídas minimamente em nível mundial com base nos direitos humanos, visando a justificar intervenções moralmente, para que não seja apenas o poder dos estadunidenses que justifique as intervenções; necessitamos, ademais, estabelecer um controle sensato sobre economia, técnica e meio ambiente.

A proposição de um *éthos* mundial por Hans Küng, que se manifesta numa declaração das religiões mundiais, se organiza para possibilitar diálogos interculturais entre as pessoas sensatas e as lideranças religiosas dispostas ao diálogo. O "*éthos* mundial" possui uma dimensão religiosa, pois também constrói sobre a regra áurea, que sempre teve certo matiz religioso: o que não queres que façam a você, também não faça a ninguém, ou, numa formulação positiva: tudo o que vocês querem que lhes façam, façam igualmente aos outros. Valendo-se dessa fórmula, Küng tenta expor uma parte do decálogo, a segunda tábua dos dez mandamentos como consenso entre as religiões. Essa tentativa ao menos encena um diálogo entre as religiões. A cooperação entre as religiões é desejável e significativa para a ética, também no contexto da globalização. A *Declaração universal dos deveres [humanos]*, que Hans Küng ajudou a formular, também constitui um apelo muito sensato. É preciso incutir a uma sociedade individualizada que direitos também possuem deveres. Sempre que alguém reivindica um direito ele precisa conceder que outro alguém igualmente reivindique esse direito, e isso faz com que ambos tenham um comprometimento recíproco. Nascida do vigor das autonomias culturais e da retomada das forças regionais, da retomada das diferenças, existe uma nova tendência de universalização da ética como contraponto à globalização, tendência que pode ser comprovada em seus primórdios.

Uma experiência de contraste à ética intercultural: a cultura extrapolada do individual

A nossa cultura do individual é tão exagerada que às vezes extrapola todos os limites. O enaltecimento do perfil individual torna-se visível no enaltecimento daquilo que se denomina pensamento exigente. O nível de exigência individual se eleva constantemente, não apenas para a pessoa mesma, mas também para as expectativas projetivas das gerações vindouras. Crianças que não estão doentes, crianças sim ou não, atendimento médico para prevenir e para possibilitar a concepção de filhos de acordo com o gosto e a etapa da vida. Tudo isso se transforma numa exigência individual em nome da "autonomia" e da "auto-realização". Justamente a medicina constitui um exemplo empolgante de uma cultura da ajuda que, tendo existido como cultura autônoma com padrões próprios de ética profissional, tornou-se, na esteira desse perfil da exigência individual, numa prestadora de serviços em que o médico atuante, na qualidade de técnico, deve fornecer uma mercadoria perfeita. Simultaneamente ele precisa precaver-se, mediante o estatuto jurídico que forma o pano de fundo, no que se refere aos casos extremos. Ele trabalha com a supervisão legal constantemente ao seu lado com os parágrafos bem à mão. Simultaneamente ele precisa levar em consideração o perfil individual do paciente. Estou exagerando nos traços: está claro para mim que há muitas coisas no cotidiano da medicina que nada têm a ver com essas situações extremas e que há muitas coisas admiráveis a observar nos progressos da medicina. No entanto, gostaria de deixar claro que aumenta gradativamente a instrumentalização de estados de consciência inteiros, antes marcados pela ética. Também o estado de consciência ético da ciência é instrumentalizado, o que leva a ciência a apostar na racionalidade, no controle metódico, na precisão e na retidão. Não se deve enganar no âmbito da ciência. O que ocorre é que se dispensa a ciência de sua responsabilidade, apenas para transformá-la numa espécie de "expertocracia", da qual se espera que assuma a responsabilidade pela sociedade do futuro. O que algumas vezes se esquece nesse tocante é que a ciência também tem uma responsabilidade a arcar perante a sociedade.

Ética ofensiva ou ética defensiva?

Muitos propagam uma ética "ofensiva" em vez de uma ética "defensiva" como moral do futuro. Uma ética "ofensiva" é a ética capaz de acompanhar a ofensiva técnica do futuro. "O trem do progresso técnico não tem marcha a ré moral" (Hans Martin Sass). Igualmente muitos eticistas da economia defendem que a moral deve ser capaz de acompanhar o progresso. Primeiro a economia, depois a moral. A moral capaz de acompanhar a economia deve providenciar, não que sejam colocados marcos éticos para a economia, mas que, nos trens em que a economia anda para frente, esteja instalado um equipamento "moral". A ética ofensiva, capaz de acompanhar o passo, renunciou à possibilidade de que uma sociedade estabeleça, em responsabilidade própria, mediante um debate democrático entre todos, as suas próprias metas, que então vigorarão para os diversos âmbitos da diferenciação social. O que significava o controle da política sobre a economia, também significa o controle da sociedade sobre a ciência. Não o controle da liberdade de cognição, mas sim o controle das metas pragmáticas e dos recursos de experimentação. A liberdade da ciência é uma liberdade da cognição, não uma liberdade da factibilidade. No ambiente da factibilidade o que está em jogo somos todos nós, os nossos direitos e deveres e a nossa responsabilidade social. A ética "defensiva" resiste em ilhas sobre o rio do progresso. Ela defende os seus castelos ilhados, enquanto o rio do progresso passa à sua volta e já se vai séculos à frente, até que essas ilhas perdem sua razão de ser, por terem ficado tão para trás que não têm mais condições de resgatar ninguém. Deve-se entender isto como um questionamento fundamental da possibilidade de uma ética defensiva, isto é, de uma ética que defende valores que nem sempre observamos, mas julgávamos que deveriam ser observados?

A liberdade do ser humano só poderá ser mantida se o ser humano empreender tudo para conservar a aptidão para a liberdade. Neste caso, a defensiva constitui simultaneamente uma ofensiva moral. Quem quer liberdade também deve aceitar as condições que permitem a existência da liberdade. A autodeterminação individual extrapolada não é uma forma da liberdade, tanto mais porque facilmente se pode provar, do ponto de vista sociológico, que quem determina a si mesmo muitas vezes apenas está seguindo uma tendência da sociedade. Autenticidade, com freqüência, é ilusão. Isso não desmerece em nada o fato de sermos indivíduos inconfundíveis, mas deixa claro que um individualismo estrito, já em termos de idéia, não pode ser sustentado de maneira conseqüente, e, sendo assim, pode-se perfeitamente fundamentar de forma racional um *éthos* dos direitos e deveres do reconhecimento mútuo.

Em busca de um entendimento em nível mundial sobre a moral do futuro

Existe um entendimento em nível mundial sobre questões éticas? Há alguns exemplos a mencionar: o trabalho em prol de uma confederação mundial mínima, a organização de âmbitos regionais maiores e sua estruturação mediante regras comuns (o exemplo da União Européia ampliada), o entendimento entre as religiões quanto ao *éthos* mundial, o trabalho em prol de uma ética prática intercultural.

Com certeza também a esperança está presente quando se aposta nessas perspectivas, sobretudo tendo em vista as forças contrárias e seu poder político. Mas o futuro da moral não deve ser medido pelo seu sucesso. O sucesso não é uma categoria moral de primeira linha.

A reflexão no campo da ética deve atacas suas tarefas de muitas formas, em muitos níveis, de modo discursivo, aberto e livre. Mesmo que, num primeiro momento, não haja capacidade para impor-se, ao menos a sua presença na história não mais poderá ser negada *naqueles* pontos, em que mais tarde as experiências de contraste das pessoas serão tão intensas que se lembrarão daquilo que certa vez já foi formulado contra a desumanidade de certos desenvolvimentos.

Freqüentemente se deplora que já a capacidade de impor padrões gerais de direitos humanos, como, por exemplo, a consolidação de mesmos direitos para homens e mulheres, represente um problema complicado. Freqüentemente, a resistência dos hábitos culturais parece ser mais forte do que o progresso moral. Desse modo, o futuro da reflexão ética possui duas frentes de batalha: a discussão com os antigos preconceitos e a discussão com os novos sonhos.

VII

O SER HUMANO IMPERFEITO[1]

Por mais que na ética se trate reiteradamente do ser humano, cujo valor absoluto, a dignidade humana, representa o critério moral por excelência, não se pode alimentar ilusões a respeito dele. Pode-se falar da "grandeza" e da "miséria" do ser humano, como fez Blaise Pascal nos seus famosos *Pensées [Pensamentos]*. Os seres humanos são mortais e vulneráveis, são passíveis de errar e falhar. Como eles próprios não são perfeitos, tampouco são perfeitas suas idéias e ações. Não sabemos previamente o que acontecerá conosco. O ser humano muitas vezes se parece como o alfaiate de

---

[1] Cf. P. LUTZ, T. MACHO, G. STAUPE, H. ZIRDEN (Eds.). *Der imperfekte Mensch. Metamorphosen von Normalität und Abweichung.* Köln, 2003.

Ulm, que desejava voar: ele se encontra entre alçar vôo e despencar. Quem quer voar muito cedo é punido do mesmo modo que aquele que encontra seu lugar muito tarde. Por mais grandiosas que sejam as realizações do ser humano vista isoladamente, ninguém poderá negar que junto com elas crescem também os perigos. E ao inverso: os perigos existentes muitas vezes incitam o ser humano a ir além de si mesmo.

Glória e miséria também existem no campo da moral, cuja terra a ética procura preparar.

"O maior dos males é a culpa" (Friedrich Schiller). Ao que parece, a noção do ser humano como fim em si mesmo sempre anda acompanhada concomitantemente da sua humilhação, a dignidade, do aviltamento, o reconhecimento dos direitos por um lado, do desprezo excessivo destes por outro lado.

Também a razão do ser humano, que guia a sua reflexão sobre a moral, é racional justamente pelo fato de poder ver criticamente a si própria e o seu próprio alcance. O esclarecimento racional sempre é concomitantemente a crítica da razão. Todavia, essa crítica se recusa com razão, em nome da razão, a ser usada para justificar autoridades, particularmente quando estas pronunciam irracionalidades. A razão se encerra em si mesma quando se tenta ir além dela; ela se abre quando é interrogada a respeito de sua autocrítica.

A ética também deve ser considerada dentro desse contexto. Ela deve contar com a imperfeição do ser humano e com a debilidade de sua moral. Falta de noção e falta de boa vontade não dizem respeito apenas ao indivíduo em busca do caminho certo. Elas também diminuem a força reflexiva da meditação sobre moral.

Sendo assim, a ética não pode substituir a necessidade religiosa do ser humano, sua busca de sentido que leva para além dele mesmo. Em favor da justificação do ser humano imperfeito, as confissões cristãs apostam na misericórdia de Deus e não na realização moral. A reflexão ética não sofre nenhum prejuízo com isso; ela ganha, antes, distância em relação a pretensões ilusórias. Embora a exigência do ético reclame o ser humano sem a possibilidade de fazer ressalvas cômodas, essa exigência está embutida na noção de que não se deve sobrecarregar o ser humano com rigor. Por essa razão, uma ética que conta com o ser humano imperfeito, como ainda veremos, dá mais espaço à pergunta pelo poder do que à pergunta pelo dever.

Embora o ser humano seja imperfeito, é necessário que ele possa confiar em si mesmo no que se refere à sua identidade moral. Nesse ponto, vem em seu auxílio a consciência, como concentração de suas energias morais.

No reverso disso, ele também deve desconfiar de si mesmo. Ele aprende isso através dos sentimentos de culpa, que estão relacionados, por um lado, com a consciência, por outro, com o não cumprimento da exigência posta pelos critérios que se reconheceu como corretos.

1. Entender a consciência – um diálogo

No que segue, opto pelo diálogo em lugar das exposições lineares. Isso ocorre porque desse modo se pode expressar de forma particularmente clara o jogo interno de pergunta e resposta da consciência. Além disso, esta seção pretende mostrar que o diálogo, como maneira de encontrar em conjunto o correto, é um recurso filosófico testado e aprovado para chegar a um entendimento sobre questões morais. O ponto de partida é uma justificação da insuperabilidade da posição pessoal, como a encontramos reiteradamente nos debates morais no âmbito político e público:

"Não consigo coadunar isso com a minha consciência".

"O que você quer dizer com sua consciência? Você tem em mente os seus interesses, as suas convicções, a idéia que você faz de você mesmo ou a idéia que outros têm de você?"

"Um pouco de tudo isso."

"Então você ainda não está seguro da sua consciência. A consciência é uma dor que adverte ou uma dor provocada por algo de que você se arrepende. É parecido com o seu corpo, quando ele adverte você por estar sendo destruído ou quando ele provoca dor em você por estar doente. A consciência não é um estado do saber, mas um estado de ânimo."

"Se isso é assim, muitas vezes tenho problemas para entender o que a dor significa exatamente. Também nem sempre entendo o meu corpo."

"Então você ainda não chegou ao cerne da questão. A consciência é a concentração do seu ser num ponto doloroso, em que não existe concordância consigo mesmo ou com pessoas com as quais quer manter um bom entendimento."

"Nesse caso, a boa consciência não existe?"

"Claro que sim, mas nós a sentimos tão pouco quanto sentimos o nosso corpo quando estamos com saúde e nos sentimos bem."

"Sempre pensei que a consciência teria mais a ver com o que chamamos de espírito ou alma."

"O ânimo é como um outro corpo da nossa alma, não dentro do qual ela vive, mas em torno do qual ela vive, tendo-o como centro."

"Então existe algo como uma doença moral?"

"Sim, há defeitos morais e há também doenças morais. Isto faz com que vários psicanalistas pensem que a ética se dilui totalmente na psicanálise. Trazer à tona a causa que me adverte e causa dor."

"Nesse caso, a consciência seria um diagnóstico, e a psicanálise, uma terapia."

"Não, a psicanálise não é uma terapia, mas um diagnóstico dos sintomas da consciência."

"Então não posso fazer valer a minha consciência no confronto com outros? Sendo assim, a consciência geralmente é usada erroneamente na política?"

"De fato, é a própria consciência que se faz valer diante de mim: não se trata de uma exigência, mas de uma incumbência. Mas em termos autocríticos bem posso fazê-la valer diante de outros, solicitando-lhes que poupem a minha consciência. Mas, nesse caso, fui levado ao extremo do que me é possível. Deve-se lidar cuidadosamente com isso em relação aos de fora. Devemos fazer valer a nossa própria moral de modo argumentativo e, só no caso absolutamente extremo, de modo existencial. O apelo à consciência não deveria vir da negligência ou preguiça de se ocupar com os problemas. A consciência estaria deslocada de sua função se quisesse tomar o lugar dos argumentos. Além disso, a sua sentença ou a sua dor vem de mim sobre mim, não de mim sobre outros. Mas pode tratar-se também de uma sentença em nome dos direitos e sentimentos de outros."

"Mas o que é afinal a consciência, se o que está em jogo é a minha moral e a minha responsabilidade?"

"A consciência é você mesmo, concentrado na questão da falta moral. Essa falta não precisa referir-se apenas ao eu isolado: ela consiste simultaneamente numa deficiência no relacionamento com outros e numa tensão com você mesmo. Recentemente se passou a falar da *sensação incômoda* do eu que se encontra permanentemente em processo de vir a ser."

"Como devo imaginar isso?"

"Sou dependente de outros e não tenho clareza total sobre mim mesmo. A dependência pode auxiliar tanto quanto estorvar. Desconhecimento sobre mim mesmo pode significar pouco conhecimento ou conhecimento errado sobre mim mesmo. Essa sensação incômoda no meu ânimo me remete a essa tensão insolúvel."

"Sendo assim, a consciência seria um estado permanente de incomodidade?"[2]

"Ou um sinal de advertência atual nesse sentido. Não podemos viver numa sensação permanente de incomodidade. Dispomos nesse tocante de muitas aptidões para compensar isso. A consciência tem de falar bem alto para romper essa compensação. Podemos comparar isso novamente com o corpo que se torna perceptível por meio de sinais."

"Como se relacionam então mutuamente essa sensação incômoda e o sentimento de culpa?"

"No sentimento de culpa – caso seja justificado, o que é uma questão para si –, sei bem de que ação ou omissão se trata. Esta me pode ser imputada, mesmo que talvez não exclusivamente a mim, e talvez apenas em parte a mim. A culpa pode referir-se também a uma atitude que eu não quero ter, mas que não obstante tenho, como, por exemplo, a de ser arrogante, indiscreto ou insistente, ou ao inverso, a de ser encolhido, indiferente, pouco engajado etc. Com isso já nos aproximamos um passo da sensação incômoda. Esta, todavia, refere-se ao meu estado geral, à totalidade da minha condição existencial. Não tenho sob meu controle as condições que originam a mim mesmo e a minha responsabilidade, e tampouco sou capaz de apreender e elaborar todas essas condições. Por um lado, isso contradiz a preten-

---

[2] Cf. A. THIEM. *Unbecoming Subject (Unbehaglichkeit im Werden des Subjekts)*. Dissertação sobre Judith Butler. Tübingen, 2004 (inédita).

são de ser meu próprio senhor. O anseio pela regência de uma moral racional reiteradamente tomou conta dos iluministas. Nesse tocante, pode-se partir de Agostinho e chegar, por fim, numa psicanálise iluminista."

"Sob esses pressupostos, como posso ainda sequer pensar em ser responsável?"

"Sempre que me disponho a seguir a pista da minha identidade entro em terreno escorregadio. Isto é válido também para a identidade moral. Para definir a responsabilidade ou a falta de responsabilidade não preciso ir tão longe. Basta a atribuição geral, como que coloquial, e o reconhecimento dessa responsabilidade, para falar de culpa subjetiva; isso pode ocorrer, por assim dizer, num solo que sabemos ter sido solapado pela água, mas cuja base ainda agüenta o peso."

"Se a consciência representa uma tensão tão profunda em mim mesmo, como posso saber quando ela está falando no plano da responsabilidade concreta, advertindo ou inculpando, e quando se trata de um sinal de incomodidade com o meu próprio processo moral?"

"Trata-se, de fato, de dois planos. Na tradição, inclusive se fez a tentativa de distingui-los em termos de linguagem, por exemplo, ao dizer: a consciência concreta é a aplicação da minha consciência moral à ação ou atitude isolada; a consciência mais profunda, em contrapartida, é o tormento com a minha capacidade moral, que está vinculado ao processo da busca interminável pela identidade moral. O sentimento de culpa e a sensação incômoda no estado geral atuam em dois planos distintos, que, no entanto, se podem comunicar. Não devo confundi-los, pois senão passo a me sentir constantemente culpado mesmo quando se trata de algo que não me pode ser imputado ou me pode ser imputado apenas de leve. A sensação incômoda não é nenhuma culpa, mas um indício da minha dependência duradoura em relação ao meu devir, a outras pessoas, ao meu ser histórico, social, corporal e ligado à natureza."

"Como posso lidar positivamente com essa dependência?"

"Lidar construtivamente com a dependência existencial consiste, em primeiro lugar, em discernir onde a dependência me promove e onde ela me amordaça. Consiste, ademais, em perguntar que dependência desejo, seja para escolhê-la, seja para permanecer dentro dela. Consiste, por fim, em perguntar se existe uma *dependência última incondicional* (Schleiermacher), que se chama dependência religiosa (o termo 'religião' se refere ao vínculo e comprometimento últimos). Nunca chegarei a resolver definitivamente essas questões. Por outro lado, porém, posso viver a partir de uma sensação de abrigo, se essas questões não colocarem constantemente o machado na raiz da minha auto-estima. Os místicos chamavam essa raiz de *fundamento*, no sentido de uma ancoragem do barco da vida num chão que nem sempre é visível devido à água na qual flutua o barco da vida."

"Portanto, a consciência, num plano mais profundo, tem algo a ver com religião?"

"Sim, é por isso que se falou da *voz de Deus* no ser humano, o que na verdade ocorreu somente em reação ao Iluminismo, que esperava assumir o controle de tudo mediante o ser humano que atingiu a maioridade. (Segundo Kant, Iluminismo significa: libertação do ser humano da menoridade causada por ele mesmo.) Na crítica ao Iluminismo, que desde sempre acompanhou esse processo, apontou-se para a dependência tanto construtiva quanto destrutiva do ser humano: servidão contra abrigo. Isso permanece sendo um campo complicado, pois as duas coisas podem perfeitamente ser confundidas uma com a outra."

"Então como se pode distinguir servidão de abrigo, por exemplo, na religião?"

"Uma religião do abrigo verdadeiro consiste numa religião que transmite uma sensação de libertação, que liberta da ilusão do poder próprio absoluto, da *autarquia*, que liberta da servidão a outras dependências e que é libertadora nos termos do processo da descoberta de si mesmo, que permanece aberto e não se fecha em si mesmo."

"E o que isso tem a ver, por sua vez, com a consciência?"

"No fundo, sabemos que não abrangemos a realidade humana como um todo, com nossas tentativas de compor nossa moral. A compreensão última dessa realidade não se logrará mediante o conhecimento da moral. Mas seria errado voltar essa consciência contra a moral ou, por essa razão, fazer pouco caso desta. Mas quando captamos o indicativo da sensação incômoda, a consciência num plano mais profundo, então sabemos igualmente que necessitamos de um tipo diferente de salvação do ser humano do que a proporcionada pela moral. Essa salvação engloba também a própria moral. Ao confiar-se a ela, o ser humano religioso alcança uma outra maneira de lidar com o primeiro plano da consciência, o da advertência ou do sentimento de culpa."

"Como se deve entender isto?"

"Isso é válido especialmente para a experiência da inatingibilidade das conseqüências de ações e omissões, pelas quais nos sentimos culpados. O que é inatingível para nós mesmos ultrapassa aquilo que podemos conseguir através da absolvição e do perdão. O perdão faz com que o acontecido seja suspenso e alçado à dimensão mais elevada de uma nova convivência. Mas isso não desfaz o acontecido. Ora, quem crê numa realidade de Deus – realidade no sentido antigo: moldada e impregnada pelo Deus atuante – poderá entregar a Deus também o efeito continuado do acontecido na história."

2. Lidar adequadamente com a culpa pessoal[3]

A culpa que se herda de outros, como vimos, é algo distinto da culpa pessoal. Mas como somos seres humanos imperfeitos, passíveis de errar, não há quem não

---

[3] Cf. sobre a abordagem teológica da culpa: D. MIETH. *Mit dem Unkraut wächst der Weizen*. Luzern, 1991, p. 40-64.

tenha culpa. Como lidamos com ela? Como digerimos esse fato?

Quanto à culpa, temos de diferenciar entre parcelas reversíveis e parcelas irreversíveis – cada uma delas requer uma maneira diferente de lidar com a culpa. O que pudermos reparar, devemos reparar. Sempre que uma desculpa for de alguma ajuda, ela se torna imperativa. Ela não desfaz o que aconteceu, mas dá aos envolvidos a possibilidade de tratar o assunto como se tivesse sido desfeito.

Isto leva de imediato à pergunta por como lidar com a culpa desculpada do outro.

Porque lidar com a culpa não é um problema somente para quem é culpado, mas também para quem tem de lidar com alguma culpa do outro em relação a si mesmo. E neste ponto é preciso diferenciar mais uma vez entre a disposição para uma vilania permanente que exclui qualquer intuito de corrigir-se e a atitude que se assume frente a pessoas dispostas a ponderar.

Está claro que, no caso dos primeiros, a única coisa que faz efeito é o distanciamento ou, quando for inevitável, a controvérsia. Esta, porém, não deve ser travada por meio de reações exageradas que nos levem a ter de comparecer diante do juiz ou que acabem em métodos do tipo de um Michael Kohlhaas magoado, que, como se sabe, tornou-se um salteador para vingar uma injustiça.

No caso dos semelhantes dispostos a ponderar, deve-se distinguir, por sua vez, entre aqueles com quem nos relacionamos temporária ou esporadicamente e aqueles com quem convivemos permanentemente. Estamos falando aqui de uma atitude que distingue entre a necessária correção amigável que o outro busca e deseja e a necessária tolerância (a ponto de "suportar por amor") ou a prontidão para o perdão.

É preciso perguntar, por fim, como se lida com a culpa compartilhada, por exemplo com a parcela de culpa que têm duas pessoas nos desenvolvimentos errados e nas decisões erradas em seu relacionamento. Não se trata sempre de um relacionamento em que se convive sob o mesmo teto. Há também os relacionamentos entre colegas que, mesmo sendo mais espaçados, mas nos quais também há uma dependência recíproca, deve haver co-operação mútua e, nesse processo, topa-se com algum limite.

Nesse ponto, não se lidará adequadamente com o assunto, nem consigo mesmo e muito menos com o outro, caso a controvérsia gire em torno das parcelas de culpa, ou seja, porque se quer atribuir ao outro uma parcela maior do que se admite para si mesmo. Neste caso, facilmente se acaba na moral da retribuição já esboçada ou na transferência das agressões para o outro (cf. capítulo II, 1 e 2). Mas haverá quem pergunte: e se for este o caso? Se o outro de fato for o culpado? Bom, não há nenhum motivo para reagir à culpa com algum tipo especial de obséquio. Mas a arqueologia da culpa, no sentido de uma escavação profunda em busca das causas (se ela não for empreendida e elaborada profissionalmente por meio de um tratamento psicanalítico), ainda mais do jeito diletante como ela muitas vezes é feita, freqüentemente apenas agrava o dilema e não promove a sua assimilação. Neste ponto, muitas vezes a serenidade e a generosidade são apropriadas, seja em vista da nossa própria finitude e falibilidade, seja porque também concedemos estas ao outro.

Não se pode desfazer uma ação, mas ajuda muito poder tratá-la como desfeita. Há os que têm dificuldade com isso quando precisam perdoar ou relevar algo a outra pessoa. Eles até prometem fazê-lo, mas em cada novo conflito voltam a enumerar os antigos pecados do outro. É preciso aprender a lidar com isso em relação a si mesmo e em relação ao outro. Em relação a si mesmo tem-se decididamente mais influência. O conselho moral dado por uma ética reflexiva é claro: não se deve retornar ao que não se queria mais retornar. Lamentavelmente, é recorrente toparmos com pessoas que, por natureza ou em decorrência de desenvolvimentos biográficos – que talvez possam ser explicados, mas não são da nossa alçada –, dificilmente se deixam influenciar nesse sentido, estão sempre procurando um culpado ou a todo instante retornam a velhas culpas, reais ou até apenas imaginárias. Freqüentemente se trata de pessoas muito desconfiadas, que ademais dispõem de uma autoconsciência de constituição muito débil, que necessita de apoio permanente de fora e inclusive cobra esse apoio. O trato com pessoas desse tipo com certeza é dificultado e, quando determinam o clima da convivência ou do trabalho em conjunto, elas exigem dos seus semelhantes um alto grau de tolerância e uma capacidade especial de empatia, para que o perigo de uma escalação não espreite a cada passo. Contudo, nesse caso, nada que venha de fora ajuda se não for buscado e aceito a partir de dentro. Por essa razão, também neste ponto nada se altera no bom conselho de lidar com o acontecido como se tivesse sido desfeito.

De certo modo, somos responsáveis pelo que recordamos e pela maneira como recordamos, bem como por aquilo que esquecemos e pela maneira como esquecemos. Atribuir culpa e recordar não são idênticos; esquecer e perdoar tampouco o são. Como posso perdoar se esqueço? Mas eu posso redirecionar a disposição que tenho em relação à minha lembrança: nesse caso, a lembrança duradoura não serve mais à indignação moral ou até beligerância moral contra uma culpa, mas ela está a serviço de um processo de aprendizagem de como quero lidar comigo mesmo e com os outros. Não é preciso esquecer para perdoar. Mas é preciso perdoar para recordar como se deve, em função de si mesmo e em função do outro, no horizonte da imperfeição, finitude e falibilidade gerais.

Nesse tocante, também há situações ideais: por exemplo, os frutos de uma sabedoria da idade avançada, conquistada conjuntamente no decorrer do relacionamento, que permite conversar também sobre as fraquezas e falhas vivenciadas em conjunto. Um assume aí a defesa do outro. Culpa compartilhada em papéis trocados, suportados em conjunto em amor com humor.

Mas como proceder se o resultado da culpa for uma conseqüência permanente, grave e irreversível? Se alguém morreu ou ficou com uma deficiência permanente em decorrência de um acidente de trânsito provocado por mim? Se não há mais como mudar o fato de que houve falhas repetidas na educação que se fixaram no outro? Se eu mesmo repetidamente incorro nos mesmos erros e se for preciso aceitar sóbria e permanentemente em mim mesmo essa falibilidade? Se chegarmos ao limite da nossa capacidade de mudar?

A resposta para as culpas irreversíveis mais leves pode ser o humor, o riso libertador sobre si mesmo e suas fraquezas. Mas com isso não é possível dar conta das conseqüências graves de ações irreversíveis. Nesse caso, não nos podemos abrigar na fraqueza humana geral. Esta permanece um ato, embora seja mais propriamente um "não-ato", ou seja, um ato do qual o implicado não queria ser autor.

O ato de lidar com a culpa pessoal que provou estragos irreversíveis precisa encontrar um meio-termo entre autopunição e autojustificação. Assumir a culpa, e mesmo assim não sucumbir à culpa por uma ação, é o difícil equilíbrio que se requer aqui. Este visa a uma mudança profunda das causas que levaram a essa culpa. A mudança da vida é uma possibilidade. Como formulou Dorothee Sölle certa vez, nós temos "o direito de tornarnos outra pessoa". É claro que há limites para isso. Mas às vezes eles são mais permeáveis do que a princípio acreditávamos. De qualquer modo, nós mudamos com o tempo, e assim algumas mudanças podem até surpreender a nós mesmos.

A culpa irreversível pode ser um motivo forte para mudar: experiências de conversão mostram isso claramente. O perdão pode ajudar nisso, mas não representa uma garantia. Assim, a culpa pessoal e a reação das outras pessoas a ela estão entrelaçadas. Ao lidar com a culpa, podemos incorrer em nova culpa – uma espiral de fatalidade da culpa, que também se costuma chamar de "trágica". Mas a tragédia tem um outro significado, dependendo se o ser humano, como ocorria na Antigüidade, acredita num fado último que até os deuses devem cumprir, ou se o ser humano possui uma confiança originária numa misericórdia divina, ou se ele quer deixar a última palavra com essa fixação na condição de culpado. No seu famoso romance *La Chute* (*A queda*), Albert Camus, um agnóstico confesso, tem o sonho humanista em que os seres humanos pronunciam a grande absolvição dos seres humanos, da qual surgirá renovada a sua dignidade humana. Porque ele via, no ser humano que não salva o outro, o ser humano no fim da moral, isto é, o ser humano definitivamente imperfeito, que precisa pôr-se a caminho de uma salvação que ele não pode garantir por si mesmo.

3. Em defesa de uma moral imperfeita

"Você pode porque você deve." Esta fórmula é considerada a suma do rigorismo perfeito e o seu representante é o filósofo Immanuel Kant. Essa fórmula de fato pode ser encarada como fanal de uma sociedade de produção em que o ser humano se estimula com o chicote de seus deveres até se transformar na caricatura do "workaholic [trabalhador compulsivo]", que não consegue mais relaxar e que, no seu tempo de folga, continua a fazer aquilo que de qualquer maneira sempre faz: produção e estimativa da produção.

Não acredito que fosse a intenção de Kant criar o ser humano produtivo. Essas fórmulas têm uma existência desligada de sua inserção em um outro contexto. Kant defendia, sim, o parecer de que há um dever incondicional no qual se pode orientar o seu poder. A virtude, a condição moral dada do ser humano, que ele almeja para si, deveria orientar-se nos deveres, mas não nos deveres obrigatórios que a lei impõe, e sim nos deveres que o bom-senso nos apresenta como imperativos.

Se consultarmos nossa experiência, admitiremos que os deveres muitas vezes nos levaram a poder alguma coisa e que muito da nossa atual competência não existiria se não tivesse recebido um empurrão do dever. Porém, no reverso disso também está a experiência de que exigência em demasia bloqueia a pessoa. Quando se pergunta, a exemplo da arte de viver da Antigüidade, como se transforma o querer moral profundo do ser humano em poder, em arte de viver, então, por um lado, ganha-se mais confiança no ser humano. Entretanto, ao fazer isso, muitas vezes se desligou essa confiança do corpo e a entregou à regência do espírito sobre o corpo. Por outro lado, porém, há nesse ponto o problema de que se sonha com uma condição final perfeita do ser humano.

"Dever pressupõe poder." Esta é a formulação moderna de uma sabedoria medieval que ainda hoje possui relevância na apreciação jurídica de uma ação.

O trabalho referente ao poder do ser humano fica sempre inconcluso, dependente de circunstâncias, isto é, de condições internas e externas. O ser humano não aparece aqui como uma abstração apta para a moral, mas como um ser humano individual, concreto, um ser humano não do jeito como o concebemos moralmente, mas como o experimentamos no cotidiano.

Atualmente, o modo como esse ser humano concreto se relaciona com a moral não se encontra mais sob o ideal de um modo de vida perfeito, como era, por exemplo, na Antigüidade o do filósofo e na Idade Média o do monge. O que se deve fazer, todavia, é confrontar a pergunta pelo ser humano concreto e por sua moral inconclusa e, neste sentido, "imperfeita", com o dever incondicional de Kant.

As perguntas de Kant eram as seguintes: o que posso saber? O que devo fazer? O que devo esperar? O critério da cognição era, para ela, a razão teórica, a ciência; o critério da ação, a razão prática ou a ética. Kant se empenhou a favor da objetividade e contra todo e qualquer relativismo.

Antes de Kant, eram candidatos à fundamentação moral: a ordem natural, a comunidade, o desejo de felicidade, a vontade de Deus, o sentimento moral...

Com a nova fundamentação de Kant, o fundamento da moral passou a ser a autonomia. A unidade de liberdade e lei (*autós* e *nómos*) fundamentava do que era moralmente bom. O critério para a verificação da unidade de liberdade e norma é o imperativo categórico, que ordena a escolha daquelas máximas do bom e do correto que poderiam vir a ser uma lei geral.

Devemos a Kant formulações precisas que hoje são consideradas óbvias:[4]

– a diferenciação entre direito (legalidade) e moral (moralidade, virtude: concordância da vontade com o dever);
– a diferenciação entre o querer por inclinação (involuntária) e o querer a partir do distanciamento em relação ao objeto (querer depurado = querer por dever);
– a renúncia às provas do bem supremo ("Deus") e da liberdade última; estes são, em vez disso, "postulados" da razão prática, isto é, idéias plausíveis, sem as quais teríamos de levar uma vida mais pobre de sentido.

Na doutrina kantiana da fundamentação e dos critérios, a razão atua como razão prática, isto é, ela atua com referência à ação. Ela contém a consciência da lei moral; isto é, com a razão já nos foi dada a consciência moral de forma constitutiva e originária (o fato da razão). A razão

---

[4] Cf. K. STEIGLEDER. *Kants Moralphilosophie*. Stuttgart/Weimar, 2002.

prática é simultaneamente a capacidade de escolher de forma não determinada ou de querer de forma não determinada.

A autonomia corresponde à autojurisprudência da vontade a partir de sua liberdade obtida por autodepuração, isto é, a partir de sua forma como autocomprometimento.

Na autonomia, trata-se da vontade boa irrestrita como expressão da moralidade pessoal, trata-se da objetividade no sujeito, da vontade depurada do falso "a partir de" (e, conseqüentemente, do falso "em direção a" ou do falso fim, como, por exemplo, o sucesso).

Kant "purifica", em primeiro lugar, o "a partir de" do querer de seus impulsos pré-racionais, que não serão apagados, mas dos quais se ganha distância, isto é, eles são conservados, mas não constituem mais o fundamento último do agir. O catalisador dessa depuração é o dever; é por isso que se deve "agir por dever". Mas dever é apenas uma outra expressão para a conformidade com a razão.

Tendo, num primeiro momento, deixado de lado o para-quê do agir, Kant o reintroduz quando não trata em primeira linha do fundamento do querer bom, mas do seu critério (que naturalmente deve ser coerente com ele).

O critério é a máxima passível de generalização, que, diferentemente das máximas do imperativo hipotético, compromete categoricamente. Os imperativos hipotéticos como critérios de escolha das máximas corretas (critérios da ação) encontram-se sob ressalva. Esses imperativos condicionais estão presentes no âmbito técnico e pragmático (compromisso com o resultado e com o êxito). A máxima moral no sentido incondicional contém o "a partir de" correto (a autonomia, cf. acima) e o "em direção a" correto: o princípio passível de generalização, que se origina no teste se a minha máxima pode ser uma máxima para todos.

Três críticas foram feitas a Kant como eticista determinante: que ele pensa num plano muito pessoal a formular a fundamentação (Höffe), que ele defende uma ética da convicção (Max Weber, Max Scheler), que ele negligencia as condições sócio-históricas da práxis (Hegel). É possível relativizar essas críticas, mas, a meu ver, não se pode eliminá-las de todo. Apenas gostaria de, neste ponto, mantendo em alta conta a ética objetiva e universal de Kant, fazer um pequeno discurso em defesa da imperfeição, em defesa da inconclusividade do processo moral, que tem a ver com a finitude da nossa razão e do nosso querer.

O filósofo Immanuel Kant talvez não seja o eticista mais influente no que se refere à práxis do ser humano. Nesse tocante, há outras éticas que as pessoas compreendem e aplicam mais rapidamente, como, por exemplo, a moral utilitarista, que considera correto aquilo que traz o maior bem-estar ao maior número possível de pessoas ou o maior prazer constante à minha vida. Nesse caso, se está constantemente pensando e avaliando a partir das conseqüências da ação. Para proceder à avaliação das conseqüências, utiliza-se um princípio do prazer refinado pela sabedoria e, é claro, a soma do bem-estar geral (o proveito comunitário tem a preferência diante do proveito próprio). Qual o proveito disso – não para o momento, mas a longo prazo, não para um só, mas para todos; compare-se com isso o lema de *Os três mosqueteiros*, de Alexandre Dumas: "Todos por um, um por todos". Ademais: como se tira o melhor proveito ("make the best of it") para o maior número possível? Trata-se de uma moral, em que se assume responsabilidade e se tem um critério para medir reiteradamente essa responsabilidade.

Kant pensa diferentemente, e ninguém que se ocupa reflexivamente com a moral consegue evitá-lo. Para Kant, primeiro tenho de me alçar à posição em que estou apto a pensar corretamente a moral. Isso acontece quando me liberto de motivações que não correspondem à minha razão nem à minha liberdade. Porque bom é exclusivamente a vontade depurada, na qual não apenas sigo os interesses do meu estômago e coração, e sim primeiramente submeto todos os meus interesses a uma verificação para determinar se são realmente racionais e livres.

Portanto, o mais importante, num primeiro momento, não são as conseqüências, mas o motivo do meu agir. Esse motivo deve ser perfeito. O que isso quer dizer pode ser explicado quando se toma como exemplo aquilo que os moralistas franceses certa vez denominaram de "amour desinteressé": amor sem interesse próprio, sem ter em vista a sua própria vantagem. Um amor depurado dessa maneira não obstrui o caminho da inclinação, como opinou Schiller, mas impregna a inclinação com o interesse pela realização do próprio amor junto com a outra pessoa. Isso leva, é claro, de imediato para o casamento ou o relacionamento amoroso como programa de vida. É que Kant vai ao fundo da questão. Para isso, ele cita um critério adicional que vai além do motivo depurado: um deve pensar por todos quando quiser estabelecer uma regra. Mas não no sentido de que ele busca o maior proveito para o maior número possível, mas no sentido de que, naquela situação, todos deveriam poder compreender e considerar correto aquilo que ele considera correto. E, por fim, ele se orienta também num critério de conteúdo, a saber, a dignidade do ser humano. Isso significa, então, que o ser humano não se pode transformar totalmente em fim de um outro ser humano, mas sempre deveria deter em si mesmo o sentido e o fim de sua existência (proibição da instrumentalização).

Kant é admirado mais do que imitado por causa dessa sua proposta de reflexão ética sobre a moral. E na medida em que a imitação consistia numa ética resoluta do dever e da obediência, o que Kant com certeza não queria, sua expressão histórica na Alemanha resultou deturpada. Sem querer assumir a posição dos críticos da teoria de Kant, penso, no entanto, que Kant tem problemas como o ser humano concreto, pois ele, de acordo com a sua doutrina, está constantemente ocupado em depurar os seus motivos. Isso até é uma tarefa boa, mas interminável: quando é que consigo chegar ao ponto em que o meu agir, partindo da liberdade racional tanto quanto das leis verificadas pela aptidão para a generalização, realmente constitui "moral" no sentido perfeito almejado por Kant? Pode-se relevar ao filósofo ter preferido contentar-se, nesse ponto, com a teoria do bom e do correto. Nós também podemos assumi-la no sentido de que o nosso processo de aprendizagem moral continua sendo interminável. Porém, se isso levar à mentalidade de que não há nenhuma ação sobre a qual seja de fato possível repousar com boa consciência e alegrar-se com ela, então esse processo seria um dos adversários da felicidade no presente. Constantemente a caminho para alcançar o motivo autêntico e insuspeito da moral, nem teríamos como fazer uma pausa para descansar: você pode, pois você deve.

Em vista disso, o utilitarista que toma como critério o bem-estar do maior número de pessoas, parece levar vantagem, pois ele consegue atingir alguma coisa e orgulhar-se moralmente disso.

Mas no utilitarista – caso eu o tenha descrito corretamente – tampouco se pode confiar totalmente. Porque o seu juízo sobre o resultado obtido consiste numa sensação arbitrária ou ele precisa forçar uma estatística que apura o maior bem-estar possível e sobre a qual se pode, por seu lado, discutir moralmente, talvez nos termos da famosa declaração de Churchill: "Só confio na estatística que eu mesmo falsifiquei". A moral utilitarista é mais fácil de praticar e mais difícil de pensar, a de Kant pode bem ser o contrário.

Talvez avancemos um pouco se nem tentarmos pensar uma moral perfeita para todos e se não contarmos que à moral deva estar associado o êxito prático. O primeiro passo distancia de Kant, o segundo se alia a ele. Ora, a distância até Kant talvez nem seja tão grande, na medida em que ele mesmo supunha certa infinitude do auto-esclarecimento da moral. A moral para todos (tecnicamente designada de princípio de universalização) não precisa ser uma moral perfeita para todos, mas uma moral em que tudo permanece "imperfeito", no sentido de que reiteradamente deve ser verificado de novo. E já que o ser humano é um ser aberto, imperfeito e imperfectível, ele é também o ser humano imperfeito com uma moral imperfeita, ainda que dotada de critérios universais que podem diagnosticá-lo e fazer com que avance.

Uma moral para todos, que englobe a imperfeição do ser humano, sua inconclusividade, sua historicidade e sua capacidade de mudança, necessita da fonte da noção do imperfeito, ou seja, daquilo que deixamos a desejar em relação aos nossos critérios, controles e projetos, e em vista do que, apesar disso, podemos aceitar-nos como seres morais. Essa moral não se encontra tanto na filosofia (mas ocorre também nesta) quanto nas religiões (mas não em toda a parte). Nessa moral se necessitam absolvição e perdão. Necessita-se uma auto-aceitação que transcende a avaliação do próprio eu moral. Necessita-se uma aceitação pelo outro que não sofra a restrição das próprias falhas. Necessita-se um olhar para o outro, ao qual este se manifesta de tal modo em sua vulnerabilidade, sua falibilidade e sua mortalidade, que nosso coração se enternece.

VIII

O QUE SIGNIFICA A RELIGIÃO PARA A ÉTICA?[1]

> *Os mestres (da vida) alcançaram com o exercício da virtude um conhecimento tão grande que reconheceram cada uma das virtudes de modo bem mais vivo e preciso do que Paulo ou qualquer dos santos em sua experiência religiosa.*
>
> Mestre Eckhart, *Prédica 86*.

As relações entre religião e ética são tão diversificadas quanto controvertidas. Numa forma singela, a assim chamada "civil religion", a religião "burguesa" social-

---

[1] Cf. C. Mandry. *Ethische Identität und christlicher Glaube*. Mainz, 2002.

mente útil, serve para educar para a moral. Uma fórmula sucinta para isso é: "Religião economiza polícia". Isso se vê também no fato de que cidadãos ponderados preferem mandar suas crianças para escolas da igreja, porque contam que nelas haja um interesse religioso na educação moral: a religião se pode desvestir – a moral fica. É inquestionável que um contexto de comunhão de vida, como é proporcionado pelas formas e normas da fé, também assegura formas e normas de comportamento. Mas ele também produz uma reflexividade ética, já que designamos a ética como reflexão sobre a moral controvertida ou como um conhecimento mais preciso do moralmente bom e correto?

À parte das funções socialmente úteis da religião, também o contraponto disso é significativo: o auxílio da religião na interrupção de hábitos sociais errôneos. A religião busca a verdade, não o hábito. Conseqüentemente, ele interrompe hábitos arraigados de se conformar com formas encrostadas de dominação.

Além disso, pode-se diferenciar entre a acomodação do "bourgeois" e a participação crítica do cidadão (no sentido de "citizen"). Cidadãos sem movimento cimentam a ordem; movimentos de cidadãos a renovam e mudam. A religião pode ser encontrada nos dois lados; não é ela propriamente, mas a maneira com que é concebida que diferencia os partidos.

Se essa função for extrapolada, a religião pode assumir um papel adicional: o da ideologia violenta (aquela que sempre se justifica a partir do mal praticado pelo outro, como contra-ofensiva; cf. acima). Essa tentação existiu em todas as religiões e ainda hoje é relevante em todas as religiões, ainda que, ao que parece, seja particularmente manifesta no Islã. Mas seria falso atribuir a este os direitos exclusivos a ela.

Quando a religião se encontra num contramovimento (não violento), ela quer manter-se na cercania dos seus fundadores. Mas quem foi que fundou a religião que domina tantos seres humanos sem ser reconhecida por eles como religião, ou seja, o mundo de deuses da modernidade? É preciso esclarecer em que consiste esse mundo de deuses.

Ninguém passa sem fé e confiança em algo que ele, na verdade, não possa provar, mas do que ele tem testemunhas e que é atestado por um vínculo comunitário. Tentarei esclarecer essa idéia com a metáfora dos dois andares na consciência humana, que provém da polêmica contra a mentalidade do catolicismo coeso no século 19:

O andar de baixo da consciência se ocupava com as coisas terrenas. Estas, com freqüência, eram entoadas nos hinos da igreja como "vales de lágrimas". O trabalho e o matrimônio estavam sob o signo da cruz. Em contrapartida, o céu já se encontrava no andar de cima da consciência.

A harmonia consigo mesmo e com o seu ambiente dependia do andar de cima. O andar de cima era simultaneamente um mundo de compensação e um mundo de promessa.

A polêmica contra esse modo de pensar dos andares encontra-se em Heinrich Heine ("Deixemos o céu para os pardais e os padrecos"; "Queremos possuir o reino dos céus já aqui na terra"), mas também em Friedrich Nietzsche ("Fique fiel à terra"); e já o lema "de volta à natureza" do movimento jovem, bem como a idéia do "cristianismo aberto para o mundo", relativizam esse modelo típico idealizado do século 19.

Contudo, esse modelo foi substituído por um modelo típico idealizado, que penetrou bem fundo nas cabeças e que no século 20 ganhou uma forma cada vez mais nítida: o andar de baixo é habitado pela consciência da realidade, o de cima equipa a expectativa do futuro. Assim funcionou e funciona o comunismo, que se imaginava a caminho de uma sociedade sem classes e do "reino de liberdade", mas que nessa jornada introduziu e aceitou as restrições mais desumanas possíveis. No entanto, não se pode ignorar que o mundo do capitalismo funciona exatamente da mesma maneira, sendo que ele, em conexão com democracias esclarecidas e estabelecidas que queriam diferenciar-se claramente do comunismo e de fato se diferenciaram dele, produziu uma estrutura de consciência muito semelhante. Na era da globalização, isso se torna especialmente visível no grande abismo entre pobres e ricos.

Desde o início da era moderna, por exemplo, nas visões de um Francis Bacon (*Novum Organon, Nova Atlantis*), estabeleceu-se a fé no progresso, que espera que o sistema pactuado entre ciência, técnica e economia possibilite a entrada triunfal num "admirável mundo novo" (Aldous Huxley). Na ficção dos romances, essa fé vem acompanhada constantemente de utopias e temores, e isso quanto mais se evade o mundo que nos é familiar. O mundo dos dois andares na consciência não é o mundo da segurança absoluta e da garantia, capaz de assegurar um mundo de fé comunitária explícita, e por isso ele não é tão palpável em seus rituais (a medição técnica) e sacramentos (o relatório da bolsa de valores na televisão, que encontrou seu lugar ao lado do boletim do tempo). Mas deparamo-nos irrefutavelmente nas pessoas cotidianas, cristãs ou não cristãs, com o seguinte estado de consciência: é verdade que a situação real dos problemas está piorando, mas o progresso só pode estar melhorando. O noticiário da mídia vale-se disso para "vender" opções na linguagem dos fatos reais, como, por exemplo, experimentos de laboratório como terapias a serem esperadas para doenças que, por seu turno, relativizam a incontestável história de progressos da medicina. Os agentes do progresso assumem o papel de profetas, que, diante do não cumprimento do seu anúncio, sempre têm um novo paradigma de esperança para apresentar. Nesse tocante, não há como ignorar que, no caso isolado, a situação de fato está melhor e andando "para frente", mas que a participação nela está cada vez menor e mais cara.

Em termos típicos idealizados, pode-se falar, portanto, de uma consciência, cujo andar de baixo é direcionado para problemas cotidianos – muitas vezes crescentes

–, ao passo que o andar de cima tem uma confiança quase religiosa num mundo virtual futuro, que agora já propicia consolo. Já faz parte disso que, de qualquer modo, estamos acostumando-nos cada vez mais ao consolo dos mundos virtuais, que estão sendo estendidos sobre o globo. Enquanto estamos vivendo nesses mundos somos livres, podemos formar comunidades de comunicação voluntárias e compensar o nosso mundo real imanente.

O ponto de partida dessa idéia foi que ninguém passa sem fé e confiança, isto é, sem confiança em algo que não possa provar. O futuro melhor de fato não pode ser provado. Embora as estimativas estejam corretas no caso isolado, no todo elas nunca estão, porque sempre há novos fatos contrários e suas respectivas estimativas; basta lembrar aqui o cronômetro acionado da destruição do meio ambiente e do crescimento populacional. Mas os crentes desdobram a sua consciência contra qualquer relativização da realidade do andar de cima – é justamente nisso que consiste a força da sua fé. Esta é tanto maior quanto mais fechadas forem as comunidades. Hereges são rapidamente excluídos da "scientific community [comunidade científica]". Aquilo que é tecnicamente factível e que se apresenta em suas opções como útil para o progresso conquista o pressuposto financeiro, sem o qual não pode haver ciência. Quando se levanta a pergunta "quem nos dá a explicação do mundo, a religião ou a ciência?", chega-se mais perto da resposta: a ciência se transformou em religião, ao passo que o ceticismo esclarecido se limita às religiões estabelecidas.

A partir dessas metáforas típicas idealizadas dos dois andares da consciência, fica evidente que as controvérsias morais da atualidade sempre estão sujeitas a assumir traços religiosos, mesmo que elas ocorram no campo do debate ético mediante a razão, e a parte que representa o secular geralmente ignore completamente as suas implicações religiosas. Pois se a moral tem algo a ver com a nossa busca pela verdade, com a nossa descoberta de sentido e com a nossa práxis iniciada por convicção, então ela não pode ser separada (nem explícita nem implicitamente) da "religião" no âmbito da identidade moral pessoal. A moral sempre tem a ver com fins definidos pelo seu sentido e com atitudes práticas, e ambos têm algo a ver com religião. Desde William James e John Dewey está claro que o pragmatismo também possui traços religiosos. Só que o antigo lema "Conhece-te a ti mesmo!", que os místicos cristãos aprofundaram, transformou-se no lema moderno "Make the best of it!" Ele já contém a ficção de que tudo sempre precisa ser melhorado, mais precisamente através do fazer. Mesmo que no caso isolado isso possa perfeitamente ser o caso, nem por isso é correto em todos os aspectos.

Mesmo que a fé não seja uma conseqüência do intelecto, ela é uma chave para a razão. "Seria um contra-senso querer crer somente quando o intelecto compreende, mas seria igualmente absurdo não envidar todos os esforços para expor a fé em bases racionais": assim Mestre Eckhart. Isso é válido também no âmbito da ética como reflexividade sobre a moral controvertida e sobre as concepções de liberdade (cf. capítulo III, 3). Se a premissa cristã diz "a verdade vos libertará", então isso é uma coisa diferente de: escolham a verdade em liberdade. Contra a premissa cristã se levantará a seguinte objeção: mas então o grau de liberdade e de sua comprovação também expressa algo sobre a verdade; contra a mentalidade da "free choice" se objetará o seguinte: como vocês podem estar tão seguros da sua liberdade, pois apenas a liberdade correta poderá fazer a escolha correta?

Não há nenhuma dúvida de que também as pessoas religiosas e exemplares na firmeza de sua fé erram moralmente. Como exemplos, podem ser citados o desconhecimento da não-violência cristã por parte de Agostinho e as prédicas de Bernardo de Claraval em favor das cruzadas. A violência ideológica também não falta nos místicos islâmicos, os sufistas. Onde a justeza moral não é discutida em termos religiosos em adição à verdade com sentido, a religião perde o seu humanismo original, que ela deveria reforçar, em vez de enfraquecer e eliminar. Por isso, os pensadores religiosos devem aprender da moral racional autônoma dos filósofos e, quando eram sensatos, foi isso que eles sempre fizeram. A religião jamais deveria ficar sem autocontrole moral; sem ele, a sua contribuição para a moral carece de credibilidade. As motivações religiosas necessitam de comprovações morais (cf. acima).

Inversamente, vale que a práxis religiosamente íntegra da condução da vida e a solicitude humana exercem uma influência positiva na noção moral. A práxis como lugar de cognição não tem nenhuma pretensão de exclusividade, mas exige reflexividade. Não é sem razão que se fala de uma "déformation professionelle", isto é, da substituição da compreensão pelo costume prático. A verdade pode ser uma crise da certeza prática, a práxis pode abrir o caminho para a verdade. Nesse campo, os processos só podem ser captados dialeticamente. Justamente a reflexão sobre a moral controvertida abre sistemas fechados, torna a ética interdisciplinar, inter-religiosa e intercultural.

Blaise Pascal, entre outras coisas, também associou a ética tanto ao "esprit de finesse", ao espírito da fina sensibilidade, quanto ao "esprit du coeur", senso do coração (todavia não ao "esprit de la géométrie", ao espírito da exatidão científica). Eu classifiquei a reflexividade da ética entre a razão e a fantasia – uma retomada daquela sensibilidade que Pascal chama de "finesse". Mas isso não deveria ser motivo para esquecer a exortação de Pascal, que se encontra na sua "ordem do coração", na religião: a veneração última e o parâmetro definitivo de orientação, como Erich Fromm chamou esse chão que serve para ancorar o barco da vida. O nome de Fromm pode constar aqui como exemplo de programa agnóstico de reflexividade religiosa sobre moral.

IX

OS DEZ MANDAMENTOS FÓRMULAS DE MEMORIZAÇÃO DA MORAL

As palavras bíblicas de Êxodo 20,2-21, que contêm os dez mandamentos, podem ser livremente apropriadas na seguinte formulação:

Eu sou o Deus ao qual você pertence desde o momento em que libertei você da escravidão no Egito.
Você não deve adorar ninguém além de mim! Não faça para você nenhuma imagem de ídolo!
Não abuse do meu nome, reportando-se indevidamente a mim! Não abandone os meus mandamentos em nome da religião.
Eu quis conceder à obra de minha criação um período de descanso. Também você deve deixar de tra-

balhar a cada sétimo dia e poupar a criação. Esse dia é sagrado.

Se as crianças honrarem os seus pais e os pais amarem suas crianças, todos os descendentes viverão bem. A terra é uma herança comum de todos os seres humanos; todos têm a obrigação de legá-la às gerações futuras em bom estado.

Não cometa homicídio! Não torture! Não aterrorize! Não abuse de ninguém que foi colocado sob seu poder. Não seja agressivo nem violento!

Fique fiel ao seu companheiro / à sua companheira! Não descumpra nenhum contrato! Assuma a responsabilidade pelos os seus relacionamentos!

Não furte nem explore os outros! Não seja corrupto e não abuse do seu poder!

Não acuse falsamente outra pessoa! Não discrimine! Não engane! Empenhe-se pela verdade!

Não tenha inveja da posse e da renda dos outros nem sejas malevolente com o sucesso deles! (Não seja invejoso "a partir de baixo" por não possuir o que outros possuem; não seja malevolente "a partir de cima" pelo fato de outros também estarem subindo!)

Na tradição bíblica, desenvolveram-se duas regras de interpretação:

– Na tradição judaica, essas fórmulas sucintas de memorização estão subordinadas ao duplo mandamento do amor a Deus e do amor ao próximo. A melhor maneira de entender isso é a de Agostinho, o grande mestre eclesiástico da igreja latina: o amor de Deus é o amor de Deus pelos seres humanos. Devemos haurir esse amor de Deus para dentro do nosso coração. Então teremos coração para os pobres e desfavorecidos. E então não faremos acepção entre as pessoas que necessitam de atenção.

Esta é a regra de interpretação dos dez mandamentos na atividade pessoal: a ação deve estar imbuída do espírito do amor ao próximo. Ninguém que cumpre os mandamentos, mas não é movido a isso pelo amor, cumpre o seu sentido (cf. 1 Cor 13).

– A segunda regra de interpretação social é a justiça. Em Jesus de Nazaré consta o seguinte: buscai primeiro o reino de Deus e sua justiça. A justiça tem sua origem em Deus: cada ser humano foi desejado por Deus, foi acolhido por Deus e é imagem de Deus. Essa disposição mental se reflete nas estruturas de uma sociedade humana justa. "A justiça é a virtude das instituições sociais" (John Rawls). A sociedade correta sabe discernir que valores e direitos competem a todos da mesma maneira e que desigualdades devem ser levadas em consideração.

Os mandamentos, portanto, devem ser perpetuados mediante a justiça e aplicados de tal maneira que se tornem o direito justo para todos. À parte da justiça os dez mandamentos não têm efeito nas estruturas e instituições. Isso significa que, à parte dos direitos humanos, os dez mandamentos não são perpetuados corretamente nas nossas sociedades.

Seguem algumas regras de aplicação em vista dos desafios atuais.

Quem pertence a Deus não pode mais tolerar nenhuma escravidão. Porque Deus se apresentou como libertador da dominação escravista. Isso quer dizer que pessoas não devem ser instrumentalizadas contra a sua vontade em benefício de outras pessoas. O sentido delas reside em Deus e o seu fim reside nelas mesmas.

Deus não quer que a religião seja mal usada. Religião e violência não se coadunam. Quem pronuncia o nome de Deus por ocasião de conflitos militares falsifica-o.

Deus quer que o ser humano seja humano. Por isso, ele não só lhe dá a obra da criação, mas também lhe concede o descanso da criação e assim descanso à criação.

Deus quer que moldemos este mundo e, ao fazê-lo, assumamos a responsabilidade pelas conseqüências daquilo que fazemos. Só se pode moldar o mundo, utilizando-o com parcimônia. No mandamento do sábado está implicada a parcimônia que a criação necessita. O ser humano igualmente necessita essa parcimônia no seu ritmo de vida. Deus não quer *workaholics* nem a síndrome de *burnout*.[1]

Deus quer que as gerações se respeitem e se ajudem mutuamente. O quarto mandamento não se dirige apenas às crianças nem somente aos pais. As gerações de hoje devem agir de tal maneira que seus descendentes ainda possam decidir como querem viver.

---

[1] N. T. "O *Burnout* é uma síndrome caracterizada pelo esgotamento físico, psíquico e emocional, em decorrência de trabalho estressante e excessivo. É um quadro clínico resultante da má adaptação do homem ao seu trabalho" (Hudson Hübner França).

O contrato entre as gerações deve ser reiteradamente prorrogado e reformulado.

Deus não quer que as pessoas ameacem e destruam umas às outras. Isto é incompatível com a sua aceitação incondicional e irrestrita de cada ser humano e, conseqüentemente, com o seu amor. Quem haure de Deus o amor pelo outro não destrói a vida, não perturba o amor (cf. o *Cântico dos cânticos* do amor), não separa as pessoas em raças e classes, em estágios de desenvolvimento nem em modelos esgotados.

Deus não quer que as pessoas traiam umas às outras. Elas devem ser reciprocamente confiáveis. O ser humano é responsável por aquilo que ele cativa. As pessoas são tanto mais dependentes umas das outras quanto mais próximas estão ou se tornam.

Deus não quer que as pessoas ameacem a base da vida de outras pessoas, enganando, roubando e explorando. A propriedade é protegida, mas de tal modo que a posse comum dos bens desta terra tenha a prioridade em relação à propriedade privada; a propriedade simultaneamente obriga a transformar em responsabilidade o poder que ela confere e permitir que outros participem dela.

Deus não quer que as pessoas sejam tratadas de maneira vil nem difamadas. Ele não quer que prejudiquemos a nós mesmos e a outros com mentiras.

Deus não quer que não desejemos coisas boas para os outros. Não se deve esquecer que não se está falando aqui apenas do perigo da "inveja social". Trata-se do perigo da "malevolência", que obstaculiza uma distribuição justa.

Também a forma descontrolada de servir-se às custas dos outros contraria esse mandamento. Prescrever salários e abonos para si mesmo e cortar salários e abonos de outros com certeza não pode ser compatibilizado com a obediência aos mandamentos de Deus.

Que certeza temos da vontade de Deus?

As pessoas religiosas gostam de viver com base na vontade de Deus. Elas confiam a Deus o "para quê" das suas vidas. Por isso, elas examinam criticamente o seu próprio querer. Elas querem dar continuidade ao que Deus efetua e realizar a si mesmas desse modo. Agindo assim, elas correm o risco de – e isto vale também para as frases precedentes – pretender conhecer decididamente a vontade de Deus, que também é um mistério e permanece oculta. O que lhes foi proporcionado a partir da experiência do ser humano com Deus são apenas indícios, que elas mesmas têm de desenvolver sem perder o fio que os liga à vontade de Deus. Na história freqüentemente tratou-se de um fio muito tênue, que ameaçou partir-se justamente no ponto em que se contava com um cabo espesso.

A pergunta pela vontade de Deus, que a pessoa religiosa levanta e que pode interessar também à pessoa não religiosa como indicativo de fórmulas de memorização dignas de serem vividas, precisa da crítica constante e da auto-asseguração constante. Esta é a tarefa da ética teológica. Na moral, o risco de abusar da "vontade de Deus", como vimos em relação ao exemplo da violência, é tão iminente quanto o de se afastar da vontade de Deus.

Podemos assegurar-nos da vontade de Deus de três maneiras:

Por meio das palavras da Escritura, que tentamos compreender cada vez melhor.

Por meio das experiências, tanto negativas quanto positivas, que foram feitas por ocasião da aplicação dessas palavras na tradição. Nesse ponto, a direção é dada por um processo aberto de aprendizagem.

Por meio da reflexão racional, em vista dos desafios atuais, sobre o eticamente bom e correto que está franqueado a todas as pessoas de boa vontade, tanto crentes quanto não crentes.

Os dez mandamentos são compromisso de todos, não um privilégio de piedosos. Paulo diz no início da *Carta aos romanos* que também os gentios são capazes de reconhecer em seus corações o que é bom e correto. Mestre Eckhart pensa que às vezes é melhor ouvir os filósofos não crentes, porque a moral dos que estão imbuídos de Deus muitas vezes deixa a desejar. Assim, todos podemos aprender uns dos outros.

Impressão e acabamento
GRÁFICA E EDITORA SANTUÁRIO
Em Sistema CTcP
Rua Pe. Claro Monteiro, 342
Fone 012 3104-2000 / Fax 012 3104-2036
12570-000 Aparecida-SP